GRAMMAIRE PROVENÇALE

SAVINIAN

GRAMMAIRE PROVENÇALE
(SOUS-DIALECTE RHODANIEN)

PRÉCIS HISTORIQUE DE LA LANGUE D'OC.

PARTIES DU DISCOURS POUR LES SOUS-DIALECTES
MARSEILLAIS, CÉVENOL ET MONTPELLIÉRAIN.

NOUVELLE MÉTHODE D'ANALYSE
AVEC APPLICATION AUX HUIT PRINCIPALES LANGUES
ENSEIGNÉES DANS LES ÉCOLES.

Nisi utile est quod facimus, stulta est gloria.

(PHÈDRE. — *Livre* III, *Fable* 17.)

AVIGNON	PARIS
LIBRAIRIE AUBANEL FRÈRES	LIBRAIRIE ERNEST THORIN
9, PLACE SAINT-PIERRE, 9	7, RUE DE MÉDICIS, 7

M DCCC LXXX II

PRÉCIS HISTORIQUE

DE

LA LANGUE D'OC ^(*)

Dans le midi de la France on porte au plus haut degré le culte de l'idiome local. Avec des inflexions douces autant qu'énergiques, des accents mélodieux et vibrants, une éclatante fraicheur, cette langue fut, au moyen-âge, la messagère de la civilisation dans l'Europe.

Le peuple qui la parle est le seul qui ait eu cette belle inspiration d'appeler son pays du nom même de sa langue ; les générations à venir prononceront toujours avec émotion ce mot *Languedoc* qui suffirait à l'illustration d'une province.

De nos jours, les félibres n'ont point dégénéré ; ils gardent avec enthousiasme ce magnifique héritage transmis par les troubadours ; ils l'enrichissent par une expansion merveilleuse : récits, odes, discours, épopées, poëmes dramatiques ; c'est un fleuve aux flots étincelants qui fertilise et protège le domaine de l'esprit national.

Suivons dans son ensemble le cours de cette langue, qui de la Provence a pénétré dans tous les continents, et brillé sur tous les rivages latins.

Le pays que nous habitons conserve les vestiges de plusieurs peuples ; nous avons les constructions cyclopéennes,

---

(*) On entend par la langue d'Oc celle qui est parlée depuis la Loire jusqu'aux Pyrénées et de l'Océan jusqu'aux Alpes ; elle est quelquefois appelée langue provençale.

les dolmens, les haches celtiques; les comptoirs, les routes et les mines phéniciennes; les œuvres d'art, le figuier, le citronnier, l'aloès, originaires de la Grèce; les arcs-de-triomphe, les arènes, les aqueducs romains; les monuments wisigoths et les tours sarrasines; de même notre langue, expression vivante, âme de la patrie, a conservé les traces de ces peuples dont quelques-uns étaient les plus illustres de l'antiquité.

Quel est le courant primitif où sont venu affluer ces divers éléments linguistiques? Lorsque César fit invasion dans les Gaules, on y parlait trois langues : la belgique, l'aquitanique et la celtique; elles avaient sans doute des liens étroits, formés au berceau commun de l'Orient. La langue d'Oc moderne provient du celtique successivement modifié par des communications avec les Phéniciens, les Grecs, les Romains, les Wisigoths et les Sarrasins.

Voici quelques-uns des mots qui nous sont restés de la langue primitive.

CELTE.	PROVENÇAL.	FRANÇAIS.
Alausa,	*alauso,*	alose.
Alpes,	*Aup,*	Alpes, nom général que les Gaulois donnaient aux sommets des montagnes.
Benna,	*begno,*	banne.
Brakaï,	*braio,*	braies.
Carrus,	*càrri,*	char.
Culcitra,	*còucero,*	matelas, tapis ou couverture d'invention gauloise.
Laina (sagum en laine épaisse),	*lano,*	laine.
Menta,	*mentastre,*	menthe sauvage.
Rhodanum,roth, Rose,		Rhône.
Sapon,	*saboun,*	savon.
Tinca,	*tenco,*	tanche.

Au contact de la langue phénicienne, le celtique adoucit sa prononciation en introduisant de nombreuses voyelles dans les mots; il en reçut un grand nombre des Grecs amenés, comme les Phéniciens, par les entreprises du négoce; ce sont particulièrement des termes de marine et d'autres expressions désignant des objets propres à l'homme ou d'un usage fréquent.

GREC.	PROVENÇAL.	FRANÇAIS.
Agrios (sauvage),	*agreno, agrioto,*	prunelle, griotte.
Andrôn, (*)	*androun,*	petit endroit écarté.
Artos,	*artoun,*	pain.
Baruphônia (bruit sourd),	*broufounié,*	bruit de la tempête.
Bolos,	*bòu,*	coup de filet.
Bremô,	*brama,*	mugir, frémir de colère.
Calamos,	*calaméu,*	chalumeau, tuyau de chaume.
Caminos,	*chaminèio,*	cheminée.
Canastron,	*canasto, canestello,*	corbeille.
Canna,	*canisso,*	claie d'osier ou de roseaux.
Canthos,	*cantoun,*	coin, angle de l'œil.
Cara,	*caro,*	visage.
Cophinos,	*coufin,*	corbeille de sparterie.
Empureuô,	*empura,*	faire du feu, l'attiser.
Gangamè,	*gàngui,*	filet.
Gnathos,	*gauto,*	joue.
Skeletos (décharné),	*esqueleto,*	squelette.
Mandra,	*madrago,*	parc de pêche.
Naus,	*nau,*	nef.
Paidicos.	*pedas,*	maillot.
Phenax,	*fena,*	scélérat.
Sarda,	*sardo,*	sardine.
This,	*tes,*	ilot de sable.

(*) L'accent circonflexe marque l'oméga dont la prononciation a quelque analogie avec le son provençal *ou* qui en dérive; l'o sans accent représente l'omicron.

Le latin arrive ensuite avec son génie dominateur, il couvre sous ses débordements la langue native au point d'en transformer le caractère et de lui imprimer celui de la langue romaine; dès lors l'idiome de la Provence appartient à la famille néo-romane.

Le principe sur lequel repose la formation du français (1) est applicable surtout au provençal, et l'on peut dire que celui-ci est en grande partie formé du latin par la conservation de la tonique latine, par la suppression de la voyelle brève ou de la dernière syllabe, et plus rarement par la chute de la consonne médiane.

Quelques exemples feront mieux comprendre cette loi générale.

1° CONSERVATION DE LA TONIQUE.

LATIN.	PROVENÇAL.	FRANÇAIS.
Caritátem,	*carita,*	charité.
Claritátem,	*clarta,*	clarté.
Crudélis,	*crudèu,*	cruel.

Cette règle permet de retrouver la longue, parmi les syllabes d'un mot latin, au moyen du dérivé; en provençal, comme en français, c'est toujours la dernière ou la pénultième, si le mot est terminé par une syllabe muette.

2° SUPPRESSION DE LA VOYELLE BREVE.

LATIN.	PROVENÇAL.	FRANÇAIS.
Bonïtátem,	*bounta,*	bonté.
Popŭlátus,	*poupla,*	peuplé.
Sanïtátem,	*santa,*	santé.

Les diphthongues consonnes *bl, cl, gl, pl,* proviennent de cette suppression : *admirabilis, amirable,* admirable; *oraculum, óuracle,* oracle; *angulus, angle,* angle.

(1) Voir *Grammaire historique de la langue française* par Brachet. — Hachette, Paris.

3° SUPPRESSION DE LA DERNIÈRE SYLLABE.

LATIN.	PROVENÇAL.	FRANÇAIS.
Apium,	*àpi,*	céleri.
Amárus,	*amar,*	amer.
Servicium,	*service,*	service.

4° CHUTE DE LA CONSONNE MÉDIANE.

LATIN.	PROVENÇAL.	FRANÇAIS.
Condúcere,	*coundurre,*	conduire.
Regális,	*reiau,*	royal.
Tábula,	*taulo,*	table.

REMARQUES. I. Certains mots sont entièrement latins, comme *vales,* tu vaux ; d'autres n'ont subi qu'une très légère modification : *alabaster, alabastre,* albâtre.

II. Le provençal ajoute un *e* aux mots commençant par *sp, st.* Exemple : *spiritum, esperit,* esprit ; *stabulum, estable,* étable.

III. *In* ayant le sens de *en* remplace l'*i* par l'*e* dans le provençal ; l'*o* et l'*u* y ont souvent conservé la prononciation latine : *incarnatus, encarna,* incarné ; *comitatus, coumtat,* comté ; *buxus, bouis,* buis.

Il y a plusieurs centaines de mots tirés seulement des deux premières lettres de l'alphabet ; en voici quelques-uns.

LATIN.	PROVENÇAL.	FRANÇAIS.
Alba aurora,	*aubo,*	aube.
Alba arbor,	*aubo,*	peuplier blanc.
Annellus,	*anèu,*	anneau.
Armarium,	*armàri,*	armoire.
Ararium,	*araire,*	charrue.
Bestia,	*bèstio,*	bête.
Campana,	*campano,*	cloche.
Campus,	*camp,*	champ.
Canis,	*can,*	chien.

**

Capa,	*capo,*	cape.
Capella,	*capello,*	chapelle.
Capra,	*cabro,*	chèvre.
Caput,	*cap,*	tête.
Caro,	*car,*	chair.
Carolus,	*Carle,*	Charles.
Catena,	*cadeno,*	chaîne.
Caulis,	*caulet,*	choux.
Cingula,	*cenglo,*	sangle.
Clamare,	*clama,*	crier.
Clarus,	*clar,*	clair.
Cœlum,	*cèu,*	ciel.
Cœmeterium,	*cementèri,*	cimetière. (1)

L'occupation des Wisigoths a laissé surtout des noms de qualité, de vêtements guerriers, de harnais et des verbes exprimant des actions particulières aux tribus germaniques.

GOTHIQUE.	PROVENÇAL.	FRANÇAIS.
Barkos (latin *brachia*),	*branco,*	branche.
Burg,	*bourg,*	bourg.
Bank,	*banc,*	banc.
Kater (lat. *catus*),	*cat,*	chat.
Forst,	*fourest,*	forêt.
Garbe,	*garbo,*	gerbe.
Graben,	*gravata,*	creuser.
Haring,	*arenc,*	hareng.

(1) Nous croyons utile de citer ici les paroles d'un auteur qui a fait bien des recherches sur la langue méridionale: « On y trouve, dit Mary-Lafon, la continuation de cette magnifique langue romaine qui fut l'interprète du monde »; puis s'adressant à l'Université, il prononce ces judicieuses paroles, retenues par quelques-uns de ses membres les plus autorisés: « Pourquoi de ces dialectes romans que connaissent à priori quinze millions de français, ne faites-vous pas la base de votre enseignement linguistique ? En les prenant pour échelle, vous démontreriez, clair comme le jour, que le provençal, le français, le latin sont identiques; et dès lors, l'enseignement, triplant sa portée, se simplifierait et abrègerait sa durée des deux tiers au moins. »

Harnisch,	*arnés,*	harnais.
Helm,	*èume,*	heaume.
Lassen,	*leissa,*	laisser.
Mangeln,	*manca,*	manquer.
Mantel,	*mantèu,*	manteau.
Mischen,	*mescla,*	mêler.
Nebel,	*nèblo,*	brouillard.
Nacht-eule (lat. *noctua*),	*nichoulo,*	hibou,
Rauben,	*rauba,*	dérober.
Ratte,	*rat,*	rat.
Ranzig (lat. *rancidus*),	*ranci,*	rance.
Saal,	*salo,*	salle.
Sporn,	*esperoun,*	éperon.
Scherpe,	*cherpo,*	écharpe.
Tasten,	*tasta,*	tâter.

Nous devons aux Sarrasins des noms de guerre et de religion, des termes désignant des comestibles et des objets usuels.

ARABE.	PROVENÇAL.	FRANÇAIS.
Amaluc,	*amalu,*	croupion.
Al sar (le dé),	*asard,*	hasard.
Bothor,	*boutoun,*	bouton.
Cafer,	*cafér*	sacripant.
Charab,	*sirop,*	sirop.
Iasmin,	*jaussemin,*	jasmin.
Narandj,	*arange,*	orange.
Quitran,	*quitran,*	goudron.
Salam (salut) *ala* (sur) *ka* (toi),	*salamalè,*	démonstration de politesse exagérée.
Isfinadj,	*espinar,*	épinard.
Tonbour,	*tambour,*	tambour.
Za' feran,	*safran,*	safran.
Zerafa,	*girafo,*	girafe.

Les communications avec les autres peuples n'ont pas eu assez de durée pour faire accepter ainsi une grande quantité de leurs vocables; cependant les luttes avec les nations voisines, les relations commerciales ont importé de nouveaux termes, usités dans le langage actuel. Ce sont :

1° Des mots d'origine italienne : *bandit (bandito)*, *fantassin (fantaccino)*, *gabioun (gabbione)*, *enfantarie (infanteria)*, *macaròni (maccharoni)*.

2° Des mots d'origine espagnole : *capitàni (capitan)*, *castagneto (castañetas)*, *duegno (dueña)*, *guitaro (guitarra)*, *mantiho (mantilla)*, *sièsto (siesta)*, *soupo (sopa)*.

3° Des mots d'origine anglaise : *balastre (ballast)*, *bistè (beef-steak)*, *buget (budget)*, *esprès (express)*, *vagoun (waggon)*.

Une histoire littéraire dépasserait le cadre de ce livre; les extraits suivants donneront un aperçu de la littérature méridionale aux dix siècles qu'elle comprend.

Tableau des dialectes et sous-dialectes
de la langue d'oc.

(d'après le TRESOR DÓU FELIBRIGE.)

DIALECTES.	SOUS-DIALECTES.
Provençal.	Rhodanien, marseillais, alpin, niçard.
Languedocien.	Cévenol, montpelliérain, toulousain, rouergat.
Gascon.	Armagnagais, ariégeois, agenais. quercinois.
Aquitain.	Béarnais, marensin, bordelais, bazadais.
Limousin.	Bas-limousin, haut-limousin, périgourdin, marchois.
Auvergnat.	Cantalien, limagnien, velaunien, forézien.
Dauphinois.	Briançonnais, diois, valentinois, vivarais.

1ᵉ PÉRIODE. — FORMATION DE LA LANGUE

IXᵉ SIÈCLE.

SERMENT DE LOUIS LE GERMANIQUE.

LATIN.	(*)	FRANÇAIS.
Pro dei amore et pro christiano populo et nostrâ communi salvatione de istâ die in antea quantum deus sapere et posse mihi donat sic salvaro ego istum meom fratrem Karlum et in adjumento et in quâcumque causâ, quasi homo per directum *(Jus)* suom fratrem salvare debet. In eo quod ille mi sic faciet et ab Lutherio nullum placitum nunquam prendidero, qui, meâ voluntate isti meo fratri Karlo in damno sit.	Pro deo amur et pro cristian poblo et nostro commun salvament, d'ist di en avant, in quant deus savir et podir me dunrat, si salvarai eo cist meon fradre Karlo et in ajudha et in cadhuna cosa, si cum om per dreit son fradre salvar dist. In o quid il mi altre si fäset, et ab Ludher nul plaid nunquam prindrai, qui meon vol cist meon fradre Karle in damno sit.	Pour l'amour de Dieu et pour le peuple chrétien et notre salut commun, dorénavant, autant que Dieu savoir et pouvoir me donnera, je soutiendrai mon frère Charles, ici présent, par aide en toute chose, comme il est juste de soutenir son frère, tant qu'il fera de même envers moi, et jamais ne prendrai de Lothaire aucune décision (de traité) qui, de ma volonté, soit préjudiciable à mon frère Charles.

(*) Cet écrit est le premier qui paraisse appartenir à la langue d'oc; quelques auteurs l'attribuent à la langue d'oïl.

Xᵉ SIÈCLE.

BOECE.

PROVENÇAL.	FRANÇAIS.
Nos jove omne, quandius que nos estam, De grand follia per folledat parllam : Quar no nos membra per cui viuri esperam, Qui nos soste tan quan per terra annam, E qui nos pais que no murem de fam, Per cui salv esmes per pur tan quell clamam.	Nous tous, jeunes gens, combien de temps (y a-t-il) que nous sommes — à parler follement de grandes folies : — car il ne nous souvient pas (de celui) par qui nous espérons vivre, — qui nous soutient tant que sur terre nous allons, — et qui nous paît pour que nous ne mourrions de faim; — par qui nous sommes sauvés pourvu que nous l'implorions.

Nos jove omne menam ta mal jovent
Que us non o preza sis trada son parent,
Senor ni par sill mena mala ment,
Ni l'us nell aitre sis fai fals sacrament.
Quant o a fait, mija no s'en repent.
E ni vers Deu no'n fai emendament.

(Extrait d'un poème sur Boëce.)

Nous jeunes hommes menons si mal jeunesse, — que aucun n'apprécie s'il trahit son parent, — seigneur et pair s'il le mène méchamment, — et l'un voile l'autre s'il fait faux serment. — quand il l'a fait il ne s'en repent point, — et ni vers Dieu n'en fait amendement.

XIe SIÈCLE.

LA NOBLE LEYCZON.

En aquel temp fo Abram, baron
   placzent a dio,
E engenre un patriarcha dont foron
   li Judio :
Nobla gent foron aquilh en la temor
   de dio ;
En Egips habiteron entre autra
   mala gent ;
Lay foron apermu e costreit
   per lonc temp,
E crideron al segnor, e el lor trames
   Moysent,
E delivre son poble e destruis
   l'autra gent :
Per lo mar ros passeron, com per
   bel eysuyt ;
Mali enemic de lor, lical li perseguian,
   hi periron tuit.
Motas autras ensegnas dio al seo
   poble fey ;
El li pac quaranta an al desert,
   e lor done la ley ;
En doas taulas peyrientes la trames
   per Moysent ;
E troberon la y scripta e ordena
   noblament.
Un segnor demostra esser
   a tota gent,
E aquel deguessan creyre e amar
   de tot lo cor,
E temer e servir entro al dia
   de la fin ;
E un chascun ames lo proyme
   enayma si,

LA NOBLE LEÇON.

En ce temps fut Abraham, homme plaisant à Dieu, — et il engendra un patriarche dont furent (descendants) les Juifs : — Noble gent furent ceux-là en la crainte de Dieu ; — En Egypte ils habitèrent entre autre méchante gent ; — là ils furent opprimés et contraints *par* long temps, — et ils crièrent au Seigneur, et il leur transmit Moïse, — et il délivra son peuple et détruisit l'autre gent : — Par la mer rouge ils passèrent, comme par belle issue ; — Mais les ennemis d'eux, lesquels les poursuivaient, y périrent tous. — Plusieurs autres signes Dieu au sien peuple fit ; — il les nourrit quarante ans au désert, et leur donna la loi ; — en deux tables de pierre il la transmit par Moïse : — et ils l'y trouvèrent écrite et ordonnée noblement. — Un maître elle démontre être à toute gent, — et celui-là ils dussent croire et aimer de tout le cœur, — et craindre et servir jusqu'au jour de la fin ; — et (il fallait qu')un chacun aimât le prochain comme soi, — (et que

Conselhesan las vevas, e li orfe
    sostenir,
Alberguesan li paure, e li nu
    revestir,
Paguesan li fameiant e li errant
    endreycesan,
E la ley de lui mot fort deguessan
    gardar ;
E a li gardant promes lo regne
    celestial...

tous) conseillassent les veuves, et (eussent) les orphelins (à) soutenir, — *aubergeassent* les pauvres, et (qu'ils eussent) les nus (à) revêtir, — (qu'ils) nourrissent les affamés et les errants dirigeassent, — et la loi de lui très-fort (qu')ils dussent garder ; — et aux gardants il promit le règne céleste.

2ᵉ PÉRIODE. — LES TROUBADOURS

XIIᵉ SIÈCLE.

Quan la douss' aura venta
De ves nostre païs,
M'es vejaire qu'ieu senta
Odor de paradis...
    (Bernat de Ventadour.)

Quand la douce brise souffle — vers notre pays, — il me semble que je respire — une odeur de paradis.

Ja nuls hom pres non dira sa razon
Adrechamen, si com hom dolens, non ;
Mas per conort deu hom faire canson.
Pro n'ai d'amics mas paure son lur don :
Ancta lur es si per ma rezenzon
Soi sai dos yvers pres !...

    (Richard-Cœur-de-Lion.)

Jamais nul homme captif ne dira sa raison — adroitement, ainsi que l'homme affligé, non ; — mais pour consolation on doit faire chanson. — D'amis, j'en ai assez, mais pauvres sont leurs dons : — Honte à eux, si pour ma rançon, — je suis ici deux hivers prisonniers !

XIIIᵉ SIÈCLE.

Ar pauzem o aissi com tu dizes que fo
Que taia fag diables, del cap tro al talo,
Car et os e membres d'entorn e de viro :
« Falsamen as mentit et ieu dirai te co.
« Nos no troban escrig el fag de Salomo,
« Propheta ni apostol en loc no o despo,
« Que obra de diable done salvatio... »

    (Le débat d'Izarn.)

Maintenant admettons-le ici, qu'il en soit comme tu le dis, — que le diable t'ait fait de la tête jusqu'au talon — chair et os ainsi que tous les membres : — « (tu parles) faussement, tu as menti et je te le dirai. — Nous ne trouvons pas cela écrit au fait de Salomon, — ni prophète ni apôtre en aucun endroit n'expose — qu'œuvre de diable donné le salut.

Be m platz lo dous tems de pascor
Que fai foillas e flors venir ;
E platz me quant aug la baudor
Dels auzels, que fan retentir
    Lor cant per lo boscatge ;
E platz mi quan vei sobre'ls pratz
Tendas e pavaillos fermatz ;
    Et ai gran alegratge,
Quan vei per campaigna rengatz
Cavaliers e cavals armatz.

Bien me plaît le doux temps de Pâques — qui fait feuilles et fleurs venir ; — et il me plaît d'ouïr la joie — des oiseaux qui font retentir — leurs chants à travers le bocage ; — et il me plaît quand je vois sur les prairies — tentes et pavillons fermés ; — et j'ai grande allégresse, — quand je vois rangés dans les campagnes — chevaliers et chevaux armés.

E platz mi quan li corredor
Fan las gens e l'aver fugir ;
E platz me quan vei apres lor
Gran ren d'armatz ensems venir ;
    E platz m' en mon coratge,
Quan vei fortz castels asejatz
E barrés rotz et esfondratz ;
    E vei l'ost él rivatge
Tot entorn claus de bon fossatz
Am lissas et am pals serratz...

    (Bertran de Born.)

Et il me plaît quand les courriers — font fuir les gens et les troupeaux ; — et il me plaît quand je vois après eux — grandes rangées d'hommes armés venir ensemble ; — et il me plaît en mon courage, — quand je vois de forts châteaux assiégés — et remparts brisés et effondrés ; — et que je vois l'armée sur le bord — tout à l'entour clos de bons fossés — avec des palissades garnies de forts pieux.

3e PÉRIODE. — TRANSITION

XIVᵉ SIÈCLE.

Causa novella. Item 1 dimars que era XI de mars, fes gran temperal d'aura e glucia tota la nueg d'avant e puoys 1 pau aprep alba fès un gränd thro. Et adounc fou vist per lo ministre de la Trinitat et per son companhon en la cambra on jazien, 1 demoni en forma d'ome, vestit ab 1 mantel vermhel cort e una bareta negra sus la testa, montat a càl sus 1 cayssa, loqual pueis del sol una grand peyra que pezéva entena 1/2 quintal laqual mettet so lo bras e yssyt per la porta. Et truquet molz albres en los ortz, d'entorn, descobric la glieysa, et la claustra e l'hostal del dich ordre, et l'hostal de la reclusa ; e daqui s'en anet per lo laer

Chose nouvelle. La même année, un mardi 11 mars, il y eut un gros temps de vent et de pluie (qui avait duré) toute la nuit précédente et puis un peu après l'aube, il fit un grand tonnerre. Et alors il fut vu par le ministre de la Trinité et par son compagnon, dans la chambre où ils étaient couchés, un démon de forme humaine, couvert d'un manteau court et vermeil, et portant une barrette noire sur la tête, monté à cheval sur une bière, lequel ayant arraché du

de Lavaleta et daqui levet moltas testas, e las portet otra lo Lez et las escampet per los albres et per las vinhas entro pres lo luec de Clapicis.

(Extrait du petit *Thalamus* de Montpellier.)

sol une énorme pierre qui pesait environ un demi-quintal, la mit sous le bras et sortit par la porte. Et il arracha beaucoup d'arbres dans les jardins, et découvrit l'église et le cloître et la maison dudit ordre, et celle de la recluse ; et de là il s'en alla au lavoir de Lavalette où il enleva plusieurs briques qu'il emporta au-delà du Lez, et qu'il répandit entre les arbres et les vignes auprès du lieu de Clapicis.

A DONA CLEMENÇA

Canso fatta su la guerra d'Espagna fatta pel generoso Guesclin assistat des nobles moundis de Tholosa.

Dona Clemença se bous plats,
Iou bous diré pla la bertats
De la guerra que s'es passada
Entre Pey, lou rey de Leoun,
Henri soun fray, rey d'Aragoun,
E d'ab Guesclin soun camarada,

E lous moundis qu'éren anats
E les que nou tournon jamas,
S'es qu'yeu demande recompença,
Perço que nou meriti pas
D'abe de flous de bostos mas :
Suffis d'abe bost' amistança....

A DAME CLÉMENCE

Chanson à l'occasion de la guerre d'Espagne faite par le généreux Duguesclin assisté des nobles enfants de Toulouse,

Dame Clémence, s'il vous plaît, — je vous dirai bien la vérité — sur la guerre qui s'est passée — entre Pierre le roi de Léon, — Henri son frère, roi d'Aragon, — et avec Guesclin son camarade.

Et les toulousains qui y étaient allés — et ceux qui ne revinrent jamais, — sans que je vous demande récompense, — parce que je ne mérite pas — de recevoir des fleurs de vos mains : il suffit d'avoir votre amitié....

XVᵉ SIÈCLE.

Lo nom de nostre Senhor Dieus J.-C., et de la sia gloriosa maire e de tota la santa cort célestial envocant loqual en tota bona e perfecta obra si deu envocar, car del processit, tot bon e pacific ensenhamen del tres qué haut et tres qué excelent prince et senhor nostre lo rey Reynier per la gracia de Dieus,

Le nom de Notre-Seigneur Dieu J.-C., et de sa glorieuse mère, et de toute la cour céleste, invoquant, lequel en toute œuvre bonne et parfaite doit être invoqué, car de lui procède tout bon et paci-

rey de Jerusalem, de Arago, de ambas las Sicilas, de Valencia, etc.

    (Etats de Provence sous le roi René,
    9 octobre 1473.)

fique enseignement; (ainsi que celui) de notre très haut et très excellent prince et seigneur le roi René, par la grâce de Dieu, roi de Jérusalem, d'Aragon, des Deux-Siciles, de Valence, etc.

Lou bon Diou bous baille tant de béous
Coumo las poulos eron d'eous,
    Gentiou Seignou !
Ah ! dounatz-y la guillonéou
    As compagnous !

Le bon Dieu vous donne autant de bœufs — que les poules feront d'œufs, — gentil Seigneur ! — ah ! donnez la *guionnée* — aux compagnons !

Lou bon Diou bous baille tant de poulets
Coumo las ségos han de brouquets,
    Gentiou Seignou !
Ah ! dounatz-y la guillonéou
    As compagnous !

Le bon Dieu vous donne autant de poulets — que les moissons ont d'épis — gentil Seigneur ! — ah ! donnez la *guionnée* — aux compagnons !

    (Chanson du Gui de l'Agenais, 1450.)

XVIe SIÈCLE.

A la vilo das Baus per uno flourinado
Avetz de froumajous uno pleno faoudado,
Que coume sucre fin foundoun au gargassoun :

A la ville des Baux pour la valeur d'un florin — vous avez une pleine corbeille de fromages — qui fondent au gosier comme du sucre fin :

Mai ses dedins Paris ellous les fan de ciero,
E davan qu'au sourtir un de la froumagiero
Poudes ben escoular la bourso e lou boursoun.

Mais si c'est à Paris, ils deviennent si chers qu'avant — d'en sortir un du panier à fromages, — vous pouvez bien épuiser la grande et la petite bourse.

    (L. Bellaud de la Bellaudière.)

REGLAMEN PER LOS SINDIGUES
ET LOS CONSELIERS DE LA CADIERA.

Hordenanso facho en lo luoc de la Cadiera per mesenhors sindigues et consel del present an, et aquo subre la elesion de mesenhors sindigues et tot lo consel, cant non s'attrobaran en lo luoc qu'es estat hordenat, la some que devon pagar.

RÈGLEMENT POUR LES SYNDICS
ET CONSEILLERS
DE LA CADIÈRE.

Ordonnance faite en le lieu de la Cadière par messieurs les syndics et le conseil de la présente année, et cela sur la détermination de messieurs les syndics et de tout le conseil, quelle somme ils devront payer quand ils ne se trouveront pas au lieu qui a été ordonné.

L'an mil v^e et .xxvij., et lo jort. xxviiij del mes de genovrier, ajustat lo honorable consel del luoc de la Cadiera en la maison de sen. Salvador Bernard, et davant mosur lo baile, mestre Esteve Nigri, tos en bon acordi et union, an hordinat et fach ordenanso entre elos que cant dengun manquara au consel ho en la cort, que devon pagar come s'en siec :

Et primo, los sindigues en consel, gros .ij. per home;

Item mais, los sindigues en la cort, gros .iiij. per homo.

Item mais, los conseliers cant no seran en consel ho en autre part, come es agut hordenat, gros .j. per home.

L'an 1527 et le 29e jour du mois de janvier, l'honorable conseil du lieu de la Cadière, assemblé dans la maison de Monsieur Salvador Bernard, et devant Monsieur le bailli, maître Étienne Nigri, tous en bon accord et union, ont ordonné entre eux que lorsque quelqu'un manquera au conseil ou à la cour, on devra payer comme il suit :

Et premièrement, les syndics au conseil, gros .ij. par homme.

Et de plus, les syndics à la cour, gros iiij. par homme.

Et de plus, les conseillers quand ils ne seront pas au conseil ou en autre part, comme il a été ordonné, gros .j. par homme.

XVIIe SIÈCLE.

NOUVÈ

Pastre, pastresso,
Courrès, venès tous,   pecaire !
Voste mestresso
A besoun de vous,   pecaire !

A la bourgado,
Pre de Bethleen,   pecaire !
S'es acouchado
Sus un pou de fen,   pecaire !

Dins un estable
Tout arrouïna,   pecaire !
L'enfan eimable
De matin es na,   pecaire !

Aqueou bel ange,
Ou gros de l'iver,   pecaire !
Fauto de lange,
Es tout descuber,   pecaire !

La vierge Maire
Countemplo soun fru,   pecaire !
Sau pas que faire
Quan lou veï tout nu.   pecaire !

NOEL.

Bergers, bergères, — courrez, venez tous, — *pecaire!* — votre maîtresse — a besoin de vous, — *pecaire!*

A la bourgade, — près de Bethléem, — *pecaire!* elle — est accouchée — sur un peu de foin, — *pecaire!*

Dans une étable — tout en ruines, — *pecaire!* — ce matin l'enfant aimable — est né, — *pecaire!*

Ce bel ange, — au milieu de l'hiver, — *pecaire!* — faute de langes — est tout découvert, — *pecaire!*

La vierge Marie — contemple son fruit, — *pecaire!* — Elle ne sait que faire — quand elle le voit dans sa nudité, — *pecaire!*

Lou pichot plouro,
Vous farié piœta,   pecaire !
L'ia mai d'un' houro
Que n'a pas teta,   pecaire !

Le petit enfant pleure, — il vous ferait pitié, — *pecaire !* — Il y a plus d'une heure — qu'il n'a pas tété, — *pecaire !*

Nostei pastresso
Boulegon lei man,   pecaire !
Et fan caresso
A n'aqueou enfant.   pecaire !

Nos bergères, — de leurs mains empressées, — *pecaire !* — font des caresses — à cet enfant, — *pecaire !*

Cerquon de paillo
A l'entour dou lio,   pecaire !
E de buscaillo
Per fairé de fio.   pecaire !

Elles cherchent de la paille — autour de l'endroit, — *pecaire !* — et des bûchettes — pour faire du feu, — *pecaire !*

Uno lou mudo,
L'autre lou sousten,   pecaire !
Un pau d'ajudo
Fai toujour gran ben,   pecaire !

L'une l'emmaillote, — l'autre le soutient, — *pecaire !* — Un peu d'aide — fait toujours grand bien, — *pecaire !*

(Saboly.)

Dialecte provençal.

Avés sans douto ausit dire, qu'un jour sant Augustin se proumenant sus lou bord de la mar, tachant de coumprendre lou misteri de la Trinitat, troubet un pichot enfant que fasié un cros sus lou rivage ; sant Augustin ly demandet ce que fasié, l'enfant li respoundet que fasié un cros ; et que n'en voufas faire ? — Que n'en vouali faire, ly vouali mettre touto l'aigo de la mar dedins ; — Ha ! mon enfant, repliquet lou meme sant, travailles inutilament, tu veses ben que aquo es impossible ? — Saches ly diguet l'enfant, que aquo m'es autant possible et facile qu'à tu de comprendre lou misteri de la santo Trinitat.

(Extrait d'une homélie. *Dominica in Pentecostes*, du P. J. Alegre.)

Vous avez sans doute ouï dire, qu'un jour saint Augustin se promenant sur le bord de la mer ; s'efforçant de comprendre le mystère de la Trinité, rencontra un petit enfant qui faisait un creux sur le rivage ; Saint Augustin lui demanda ce qu'il faisait, l'enfant lui répondit qu'il faisait un creux, — et qu'en veux-tu faire ? — Ce que je veux en faire, je veux y mettre toute l'eau de la mer ; — ah ! mon enfant, répliqua le même saint, tu travailles inutilement, tu vois bien que c'est impossible ? — Sache, lui dit l'enfant, que cela m'est aussi possible et facile qu'à toi de comprendre le mystère de la sainte Trinité.

Dialecte provençal.

XVIIIe SIÈCLE.

Qu jamai es esta pu devoua au ben public, et a mies merita lou titre de Paire de la Patrio ?

Qui jamais a été plus dévoué au bien public, et a mieux mérité le titre de Père de la Patrie ?

Que pareisson aqueleis anciens citouyens roumains que se piquavon tant de generousita et de grandour d'amo, et que n'avien jamai que lou ben public et la Patrio en bouquo ? Leis histouriens an beou nous li vanta e lei metre au-dessus deis autreis hommes. A traves tout ce que nous dison de pu grand et de merveilloux, leissan pas de counouisse et de veire que travaillavon per elei-meme, et qu'ero mai per ambitien et per cupidita, que per rempli si deves, que soustenien la Patrio. En effet aquelei pretendus generous citoyens roumains, sercavoun à s'empara de l'autourita, à s'enrichi ei despens doou pople, et quand l'avien ben suça et que s'eroun rendu mestres, prenien lou titre de Paire de la Patrio. Aqui de bouens Paires ! Parla-mi de moussu Lebret, avié lou poude et l'autourita en man, remplissié lei premieros plaços ; voulié pas s'eleva davantagi, puisqu'avié refusa de postos pus avantageous ; sercavo pas à s'enrichi, puisque quand s'agissié doou ben public, metié doou sieou et fasié lis avanços...

(Extrait de l'oraison funèbre de Messire LEBRET par Messire POURRIÈRES, en présence des prud'hommes dans l'église Saint-Laurent de Marseille, 12 mai 1735.)

Dialecte provençal.

Qu'ils paraissent ces anciens citoyens romains, qui se piquaient tant de générosité et de grandeur d'âme, et qui n'avaient jamais que le bien public et la Patrie sur les lèvres ! Les historiens ont beau nous les vanter et les mettre au-dessus des autres hommes. A travers tout ce qu'ils nous disent de grand et de merveilleux, nous ne laissons pas de connaître et de voir qu'ils travaillaient pour eux-mêmes, et que c'était plutôt par ambition et par cupidité, que pour remplir leurs devoirs, qu'ils soutenaient la Patrie. En effet ces prétendus généreux citoyens romains, cherchaient à s'emparer de l'autorité, à s'enrichir aux dépens du peuple, et quand ils l'avaient bien pressuré, et qu'ils s'étaient rendus les maîtres, ils prenaient le titre de Pères de la Patrie. Voilà de bons Pères ! Parlez-moi de messire Lebret ; il avait le pouvoir et l'autorité en main ; il remplissait les premières places ; il ne voulait pas s'élever davantage, puisqu'il avait refusé des postes plus avantageux ; il ne cherchait pas à s'enrichir, puisque quand il s'agissait du bien public, il mettait du sien et faisait les avances...

LEIS DESASTRES DE BARBACAN, CHIN ERRANT DINS AVIGNOUN.

Invoucacioun.

Cante leis tristes aventuros,
Li mal-encontre, li blessuros.
E tout leis accidens divers
Dou milliou chin de l'univers.

Coume pèr un sort deplourable
Fouguet en tout tems miserable
Et de cent sorte de façoun
Jusque qu'enfin dins Avignoun,

LES DÉSASTRES DE BARBACAN, CHIEN ERRANT DANS AVIGNON.

Invocation.

Je chante les tristes aventures, — les malheurs, les blessures. — et tous les accidents divers du meilleur chien de l'univers.

Comment, par un déplorable sort. — il fut en tous temps misérable — et de toutes les manières, — jusqu'à

Dòu tèmp d'uno cruelle peste
Un sourdat li faguet soun reste,
Et talamen lou cruvelet
Que toumbe se coume un palet.

Muso, tu qu'as bono memoire,
Dicte me dounc aquelle histoire
Et dounte ven que lou destin
S'encare contre un paure chin.
D'uno manière tant outrado,
Tant barbaro, tant oubstinado,
Ou per quau crime tant affroux
Li fèt senti tout soun courroux.

Dins uno si triste matière
Mi refuses pas la lumière,
Et mande à la pousterita
Li malheur que vou racounta !...
                    (Père Marin.)
Dialecte provençal.

ce qu'enfin dans Avignon, —
au temps d'une cruelle peste,
— un soldat le mit à mort,
— et le cribla tellement de
coups, — qu'il tomba sec
comme un palet.

Muse, toi qui as bonne mémoire — dicte-moi donc ce
récit — et d'où vient que le
destin — s'acharna contre un
pauvre chien, — d'une ma-
nière si outrée, — si barbare, si obstinée, — ou pour
quel crime si affreux — il lui
fit sentir tout son courroux.

Dans une aussi triste ma-
tière, — ne me refuse pas la
lumière, — et porte à la pos-
térité — les malheurs que je
vais raconter !...

4ᵉ PÉRIODE. — LES FÉLIBRES

XIXᵉ SIÈCLE.

Dialecte provençal.
Sous-dialecte rhodanien.

MOÙNTE VOLE MOURI.

A ma maire, P. de Piquet.

Dins un mas que s'escound au mitan di poumié,
    Un bèu matin, au tèms dis iero,
Siéu na d'un jardinié 'mé d'uno jardiniero,
    Dins li jardin de Sant-Roumié.

De sèt pàuris enfant venguère lou proumié...
    Aqui ma maire, à la testiero
De ma brèsso, souvènt vihavo de niue 'ntiero
    Soun pichot malaut que dourmié.

Aro, autour de moun mas, tout ris, tout re-
                    [verdejo;
Liuen de soun nis de flour, souspiro e vou-
                    [lastrejo
    L'auceloun que s'es enana !...

OU JE VEUX MOURIR.

A ma mère, P. de Piquet.

Dans un *mas* qui se cache
au milieu des pommiers, —
un beau matin, au temps des
moissons, — je suis né d'un
jardinier et d'une jardinière,
— dans les jardins de Saint-
Rémy.

De sept pauvres enfants je
vins le premier... — Là ma
mère, au chevet — de mon
berceau, souvent veillait pendant des nuits entières — son
petit enfant malade qui dormait.

Maintenant, autour de mon
mas, tout sourit, tout reverdit ; — loin de son nid de
fleurs, soupire et voltige —
le petit oiseau qui s'est envolé.

Vous n'en prègue, ô moun Diéu! que vosto
             [man benido,
Quand aurai proun begu l'amarun de la vido,
Sarre mis iue mounte siéu na.

Je vous en prie, ô mon Dieu! que votre main bénie, — quand j'aurai assez bu l'amertume de la vie, — ferme mes yeux où je suis né.

(Joseph Roumanille. — 1847)

INVOUCACIOUN A L'AMO DE LA PROUVENÇO *(Calendau.)*

. . . . Amo de moun païs,
   Tu que dardaies, manifèsto,
    E dins sa lengo e dins sa gèsto;
Quand li baroun picard, alemand, bourgui-
                [gnoun,
   Sarravon Toulouso e Bèu-caire,
   Tu qu'empurères de tout caire
   Contro li négri cavaucaire
Lis ome de Marsiho e li fiéu d'Avignoun;

   Pèr la grandour di remembranço
   Tu que nous sauves l'esperanço.
Tu que dins la jouinesso, e plus caud e plus
              [bèu,
   Mau-grat la mort e l'aclapaire,
   Fas regreia lou sang di paire;
   Tu qu'ispirant li dous troubaire,
Fas pièi mistraleja la voues de Mirabèu;

   Car lis oundado seculàri
   E si tempèsto e sis esglàri
An bèu mescla li pople, escafa li counfin,
   La terro maire, la naturo
   Nourris toujour sa pourtaduro
   Dóu meme la : sa pousso duro
Toujour à l'óulivié dounara l'òli fin;

   Amo de-longo renadivo,
   Amo jouiouso e fièro e vivo,
Qu'endihes dins lou brut dóu Rose e dóu
              [Rousau!
   Amo di séuvo armouniouso
   E di calanco souleiouso,
   De la patrio amo piouso
T'apelle! encarno-te dins mi vers prouven-
              [çau!...

(Frédéric Mistral. — 1867.)

Ame de mon pays, — toi qui rayonnes, manifeste, — dans son histoire et dans sa langue; — quand les barons picards, allemands, bourguignons, — pressaient Toulouse et Beaucaire, — toi qui enflammas de partout — contre les noirs chevaucheurs — les hommes de Marseille et les fils d'Avignon;

Par la grandeur des souvenirs, — toi qui nous sauves l'espérance; — toi qui dans la jeunesse, et plus chaud et plus beau, malgré la mort et le fossoyeur, — fais reverdir le sang des pères; — toi qui, inspirant les doux Troubadours, — telle que le mistral, fais ensuite gronder la voix de Mirabeau;

Car les houles des siècles, — et leurs tempêtes et leurs horreurs, — en vain mêlent les peuples, effacent les frontières : — la terre maternelle, la nature, — nourrit toujours ses fils — du même lait; sa dure mamelle — toujours à l'olivier donnera l'huile fine;

Ame éternellement renaissante, — âme joyeuse et fière et vive, — qui hennis dans le bruit du Rhône et de son vent! — âme des bois pleins d'harmonie — et des *calanques* pleines de soleil, — de la patrie âme pieuse, — je t'appelle! incarne-toi dans mes vers provençaux!...

LI FABRE

Coume un cavalié qu'èi pressa,
Arregardas lou jour passa:
Sus soun camin lou vèspre oumbrejo.
Tau qu'un bregand dins la fourèst,
La traito niue es à l'arrèst;
L'auro deja boufo plus frejo;

Boufo plus forto e fai gibla
Li pibo proumto à gingoula.
Lou bàrri di nivo s'estrasso;
L'or gisclo esbléugissènt, leissant
Un long ridèu coulour de sang
Que floto fouita pèr l'aurasso.

L'encèndi s'atubo au tremount.
D'uno bataio de demoun
Dirias de-fes lou tuert aurouge;
Dirias, dins li nivo espóuti,
Que de manescau fantasti
Tabason sus lou soulèu rouge.

Tantost dre, tantost se plegant,
Dins lou cèu li fabre gigant,
Brassejant d'uno ardour ferouno,
Forjon pèr lou jouine matin
Li rai d'or, li rai diamantin
Que dóu soulèu soun la courouno.

Belugo, uiau e lamp de fio,
Fan un grand e terrible jo:
La braso reboumbis en plueio;
Tout cremo, la terro e lou cèu;
Fugisson li darriés aucèu;
Lis aubre an de carboun pèr fucio.

Sus li serre blu, i' a 'n moumen,
La luno espincho douçamen,
Coume uno nouvieto crentouso;
Dins soun bèu draiòu argenta
Sèmblo que n'auso pas mounta,
Tant l'esluciado èi sóuvertouso.

LES FORGERONS

Comme un cavalier qui se hâte, — regardez le jour passer: — sur son chemin le soir verse l'ombre. — Tel qu'un brigand dans la forêt, — la nuit traîtresse est à l'affût; — le vent souffle déjà plus froid;

Il souffle plus fort et fait pencher — les peupliers, prompts à gémir. — Le rempart des nuages se déchire; — l'or jaillit éblouissant et laisse — un long rideau couleur de sang — qui flotte, fouetté par la tempête.

L'incendie s'allume au couchant. — D'une bataille de démons — on dirait parfois le choc orageux; — on dirait, dans les nuages en lambeaux, — que des maréchaux fantastiques — frappent sur le soleil rouge.

Tantôt debout, tantôt ployés, — dans le ciel des forgerons géants, — avec des gestes ardents, farouches, — forgent pour le jeune matin — les rayons d'or, les rayons de diamant, — qui du soleil sont la couronne.

Étincelles, éclairs, gerbes de feu, — font un jeu grand et terrible: — la braise s'élance et retombe en pluie; — tout brûle, la terre et le ciel; — les derniers oiseaux fuient; — les arbres ont des charbons pour feuilles.

Sur les collines bleues, il y a un instant, — la lune doucement épie, — comme une fiancée peureuse; — dans son beau sentier argenté, — il semble qu'elle n'ose pas monter, — tant l'éruption est formidable.

***

Li fabre devènon negras,
Lou martèu alasso li bras,
Lou fum ennivoulis la flamo;
E lou soulèu encourroussa,
De l'orre enclume cabussa,
Se jito dins la mar que bramo.

(Théodore Aubanel. — 1876.)

Les forgerons deviennent noirs, — le marteau fatigue les bras, — la fumée enveloppe la flamme; — et le soleil en courroux, — de l'horrible enclume renversé, — se jette dans la mer qui hurle.

Sous-dialecte marseillais.

DE L'IMITACIEN DÓU CRIST.

I. *Qu me seguis noun camino dins la sourniero,* dis lou Segnour.

Aco 's lei paraulo de Noueste-Segne que nous counvidon de retraire sa vido e sei maniéro se voulem esse, de bouen, endóutrina e deliéura de tout avuglamen de couer.

Adounc noueste estùdi siegue subre-tout de nous bouta en tèsto la vido de Jesus-Crist.

II. La dóutrino dóu Crist passo tóutei lei dóutrino dei Sant, e qu la coumprendrié de-founs, li atroubarié uno mauno escoundudo.

Mai arribo en proun que, à fouesso d'ausi l'Evangéli, n'en fan plus cas, dóumaci n'an pas l'esperit de Jesus.

Qu vòu entendre e saboura en plen lei paraulo dóu Crist se dèu estudia a moula tóuto sa vido sus la siéuno.

III. Que te sert de disputa sus la Ternita, se noun as l'umilita e que li desplaigues?

De tout segur n'es pas lei bèllei resoun que fan sant e juste; souleto, la vido vertuouso nous fai ama dóu Bouen Diéu.

DE L'IMITATION DU CHRIST.

I. *Celui qui me suit ne marche point dans les ténèbres,* dit le Seigneur.

Ce sont les paroles de Notre-Seigneur qui nous exhortent à imiter sa vie et sa conduite si nous voulons être véritablement éclairés et délivrés de tout aveuglement de cœur.

Que notre principale étude soit donc de méditer sur la vie de Jésus-Christ.

II. La doctrine du Christ surpasse en excellence toutes les doctrines des saints, et celui qui en aurait le véritable esprit y trouverait une manne cachée.

Mais il arrive que la plupart de ceux qui entendent fréquemment l'Evangile n'en sont guère plus touchés, parce qu'ils n'ont pas l'esprit de Jésus.

Celui qni veut bien entendre et goûter les paroles du Christ doit s'étudier à former toute sa vie sur la sienne.

III. A quoi te sert-il de disputer sur la Trinité, si n'ayant pas l'humilité tu lui déplais?

Assurément ce ne sont pas les belles paroles qui rendent saint et juste; seule, la vie vertueuse nous fait aimer du Bon Dieu.

Estime mai senti la countricien que de n'en saupre l'esplicacien.

Se sabiés de pèr cuer touto la Biblo e lei paraulo de tóutei lei sàvi, de que te servirié tout acò sènso l'amour e la gràci de Diéu?

Vanita dei vanita, e tout es vanita, fouero ama Diéu e lou servi soulet.

Eiçò's la sagesso majouralo, de s'endraïa pèr lou mesprés dóu mounde de vers lou reiaume paradisen.

IV. Adouc, es vanita de courre après de richesso que s'esvalisson e de se li fisa;

Vanita peréu de susta leis ounour e de s'enaussa eis àutei plaço;

Vanita de segui lei caprìci de la car e d'enveja ço qu'un jour dèu nous aduerre un dur castigamen;

Vanita de desira uno longo vido e se pas soucita que siegue bueno:

Vanita de s'arresta à la vido d'aro e se pas avisa de la vido à-veni;

Vanita d'ama ço que fuge tant lèu e de pas courre mounte nous espèro uno joio sènso fin.

V. Remembro-te souvèn ço que se dis: que l'ui n'a jamai proun vist e l'auriho jamai proun ausi.

Adounc estùdi-te à derraba de toun couer l'afecien per li cavo d'aquest mounde e te revira de vers aquélei de l'autre.

Que, qu seguis sa sensualita embrute sa counsciènci, e perde la gràci de Diéu.

(Traduction de la Société de l'*Aubo Prouvençalo*.)

J'aime mieux sentir la contrition que savoir l'expliquer.

Si tu savais par cœur toute la Bible et les sentences des philosophes, à quoi te servirait tout cela sans l'amour et et la grâce de Dieu?

Vanité des vanités, tout n'est que vanité, hors aimer Dieu et le servir seul.

Ceci est la suprême sagesse: se diriger par le mépris du monde vers le royaume du ciel.

IV. C'est donc une vanité de courir après des richesses périssables et d'y mettre son espérance;

C'est une vanité que de rechercher les honneurs et de s'élever aux premières places;

C'est une vanité que de suivre les caprices de la chair et d'envier ce qui un jour doit nous attirer de rigoureux châtiments.

C'est une vanité que de désirer une longue vie et de travailler si peu à ce qu'elle soit bonne;

C'est une vanité de ne penser qu'à la vie présente et de ne pas prévoir les choses à venir.

C'est une vanité d'aimer ce qui fuit si rapidement, et de ne pas s'empresser à gagner le ciel où nous attend une joie éternelle.

V. Rappelle-toi souvent ces paroles du Sage: *L'œil n'est jamais rassasié de ce qu'il voit, ni l'oreille de ce qu'elle entend.*

Efforce-toi donc d'arracher de ton cœur l'amour des choses visibles pour l'attacher à celles qui sont invisibles.

Car celui qui suit la sensualité souille sa conscience et perd la grâce de Dieu.

Dialecte languedocien.
Sous-dialecte cévenol.

AS MANIDETS DE ROUMANÌO.

O manidets de Roumanìo,
Pichoto e douço pacaniho,
D'en caitivié vous van tira!
O soulas de l'oustau sacra,
Vautres l'espèr, vautres la raço,
Dins uno niue tristo e negrasso
Vous vèire ansin, n'i'a per ploura!

O manidets de Roumanìo,
S'à l'amo aussi faù sa graniho,
Pèr la vostro, boutas, n'aurés.
Car lous que volon vostes drets
Deman vous bastiran d'escolós,
Mounte vendrés à bellos colos,
Afeciounats, e i'aprendrés.

O manidets de Roumanìo,
Dins vosto lengo d'armounìo,
L'aprendrés ço que faù sabé
Pèr grandi libré e dins lou be:
Pèr qu'un jour en vautres se nome
Tout ço que fai qu'on es un ome,
E qu'on es un poplè atabé.

O manidets de Roumanìo,
Pèr desarma la tiranìo,
L'aprendrés qu'on dèu jamai noun
Delembra soun sang ni soun noum;
Qu'un cor de poplè ount s'amaduro
L'ime dau sòu — tèn l'armaduro
Que doumto ferre emai canoun!

O manidets de Roumanìo,
L'aprendrés ço qu'an la manìo,
Aici, d'ensigna de travès,
Nostes Francèses de l'Avès;
Mès ço que nautres, lous felibres,
A nostes drôles, dins lous libres,
Savèn moustra dau bon revès.

AUX PETITS ENFANTS DE LA ROUMANIE.

O petits enfants de la Roumanie, — petite et douce jeunesse de paysans, — on va vous retirer de la captivité! —O consolation de la demeure sacrée, — vous l'espoir, vous la race, — dans une nuit triste et sombre — vous voir ainsi, il y a de quoi en pleurer!

O petits enfants de la Roumanie, — s'il faut aussi à l'âme, son petit grain, — pour la vôtre, allez, vous en aurez. — Car ceux qui veulent vos droits — demain vous bâtiront des écoles, — où vous viendrez en foule, — affectionnés, et vous vous y instruirez.

O petits enfants de la Roumanie, — dans votre langue d'harmonie, — vous y apprendrez ce qu'il faut savoir — pour grandir libres et dans le bien: — pour qu'un jour en vous l'on nomme — tout ce qui fait qu'on est un homme, — et qu'on est un peuple aussi.

O petits enfants de la Roumanie, — pour désarmer la tyrannie, — vous y apprendrez qu'on ne doit jamais — oublier ni son sang, ni son nom; — qu'un cœur de peuple où mûrit l'idée du sol — tient l'armure — qui dompte fer et canon!

O petits enfants de la Roumanie, — vous y apprendrez ce qu'ils ont la manie, — ici, d'enseigner de travers, — nos Français du Nord; — mais ce que nous, les félibres, — à nos enfants, dans les livres, — savons montrer du bon côté.

O manidets de Roumanlo,
Embé Mistral e Roumaniho,
Embé toutes lous majouraus
Iéu vous mande mous vots couraus
E se voulès nosto brassado
Oh! faren lèu la travessado
Pèr vous douna de Jocs Flouraus

O manidets de Roumanlo,
Reviéudant Roumo e l'Iounio,
Enlusirés voste Levant,
Mountas, mountas, o bèu levam!
Que n'avèn de gau un abounde;
Mountas, mountas, o pichot mounde;
Pèr lou grand mounde que revan!

(A. Arnavielle.)

O petits enfants, de la Roumanie, — avec Mistral et Roumanille, — avec tous les majoraux — je vous envoie mes vœux cordiaux; e si vous voulez, notre embrassement, — oh! nous ferons vite la traversée — pour vous donner des Jeux Floraux!

O petits enfants de la Roumanie, — faisant revivre Rome et l'Ionie, vous jetterez un lustre sur votre Levant, (et nous en avons une immense joie); montez, montez, ô beau levain! — montez, montez, ô petit monde, pour le grand monde que nous rêvons!

Sous-dialecte montpelliérain.

L'ISTORIA D'AGEL E D'ILSETA.

An maridat Ilseta, — la flou de soun
        païs.
Es Agel que l'espousa, — Agel au dous
        sourrìs;
Un mes aprés la noça, — l'avien
        ensepelit.
La paura veusa ploura, — ploura e se
        counsemìs;
Una nioch estelada, — per lou vent fres
        e lis.
Agel, que n'avié lagui, — de sa toumba
        sourtìs.
E pica à la cambreta — ounte Ilseta
        dourmìs;
— « Es Agel que te parla, — se sies aquì,
        doubrìs. »
— « Se noun me fas entendre — lou nóum
        de Jeuse-Crist,
Doubrisse pas ma porta — à 'n ome
        troumpairìs! »
Pas pus lèu l'a 'ntenduda: — « Paura Ilseta
        doubrìs,
Lou noum de Noste-Segne, — ma bouca te
        lou dis! »
Ilseta alor se leva, — tantós ploura e pioi
        ris,
E destanca sa porta — per Agel que
        languìs.

L'HISTOIRE D'AGEL ET D'ILSETTE.

On a marié Ilsette, — la fleur de son pays. — C'est Agel qui l'épouse, — Agel au doux sourire; — Un mois après les noces, — on l'avait enseveli. — La pauvre veuve pleure, — elle pleure et se consume; — une nuit étoilée, — par le vent frais et doux, — Agel, qui en était affligé, — sortit de sa tombe — et frappa à la petite chambre — où Ilsette dormait: — « C'est Agel qui te parle, — si tu es là, ouvre. » — « Si tu ne me fais entendre — le nom de Jésus-Christ, — je n'ouvre pas ma porte — à un homme trompeur! » A peine l'a-t-il entendue: — Pauvre Ilsette, ouvre, — le nom de Notre-Seigneur, — ma bouche te le dit! » — Ilsette alors se lève, — tantôt elle pleure et puis elle rit, — elle ouvre sa porte — pour Agel qui languit, — qui languit de lui dire — l'amer-

Que languìs de ie dire — l'amarum que
    soufrìs
Au founs dau cementeri, — jout lou vent
    fres e lis :
— « A chasque cop que rises, — de brouts de
    jaussemìs,
De rosas e pioi d'elis — toumboun drucs e
    poulìts
Jout lou boi de ma toumba — e dessus soun
    soulìs.
A chasque cop que ploures, — moun front
    s'ennevoulìs.
D'una nebla doulenta — e mai que tout
    soufrìs !
Aquì lou gal que canta ; — es oura de
    partì,
Lous morts s'en van jout terra — ou proche
    Jeuse-Crist,
Ou proche de sa Maire — que regna en
    Paradìs. »...
          (A. Roque-Ferrier.)

tume qu'il souffre — au fond du cimetière, — sous le vent frais et doux : —

« Chaque fois que tu souris, — des rameaux de jasmins, — de roses et de lis — tombent drus et jolis — sous le bois de ma tombe — et sur son seuil. —

Chaque fois que tu pleures, — mon front se voile, — d'un nuage de tristesse — et plus que toi je souffre ! — Voilà le coq qui chante ; — il est l'heure de partir, — les morts s'en vont sous terre, — ou auprès de Jésus-Christ, — ou auprès de sa Mère — qui règne en Paradis. »...

Dialecte gascon. (*)

LOU MARECHAL LANOS.

Ero Pople e Gascou ; silenço !
Francimans, taisats-bous dan bostros liros
               [d'or !
Sèi Pople amai Gascou, moun dret es lou pu
               [fort
A jou doun, lou prumé, de dire sa nachenso...
    E sa bito... e sa mort !

Sa nachenso, oh ! fusquèt modèsto !
E quan al flan del jour benguèt oubri soun el,
Cap de segnou n'ourdounèt de fa fèsto ;
    Ni pastouro, ni pastourèl
Non benguèron dansa dabans un gran castel
Ount lou prince à beni, dins de crambos fran-
               [jados,
Recebèsse d'encens, de finos embrassados.
    Nàni : dins un oustal crumous ;
    Al dous parla de la naturo,
Quauques parents benguèron sens fayssous
    Li fa dus ou tres gros poutous
    E la sentou de la tinturo,
Que l'aire paternal li boufabo à trabès
Fusquèt lou soul encens que respirèt al brès.

LE MARÉCHAL LANNES.

Il était Peuple et Gascon ; taisez-vous, — Français, avec vos lyres d'or ! — Je suis Peuple et Gascon, mon droit l'emporte ; — à moi, le premier, de dire sa naissance, — et sa vie et sa mort !

Sa naissance, oh ! elle fut modeste ! — et quand à la clarté du jour il vint ouvrir son œil, — aucun seigneur n'ordonna de faire fête ; — ni pastourelle, ni pastoureau — ne vinrent danser devant un grand château — où le prince à venir, dans des chambres ornées de franges, — reçût de l'encens de fines embrassades. — Non ; dans une maison sombre, — au doux langage de la nature, — quelques parents vinrent sans façon — lui faire deux ou trois gros baisers ; — et l'odeur de la teinture, — que l'air paternel lui soufflait dessus, — fut le seul encens qu'il respira au berceau.

E, quan fusquèt grandet, se boulès lou cou-
[neche
  Omes de lassus, debalats
  Jusqu'al pople que l'a bist creche !
Perqué rougi per el? el n'en rougissió pas...
(Jasmin.)

Et quand il fut plus grand, — si vous voulez le connaître, — hommes de là-haut, descendez — jusqu'au peuple qui l'a vu naître ! — Pourquoi rougir pour lui ? lui n'en rougissait pas...

(*) Il est des auteurs qui distinguent le gascon de la langue d'oc; ils attribuent ce morceau de Jasmin au languedocien (sous-dialecte agenais).

Dialecte aquitain.

Nadaü.

Lou mèste deüs anjous,
Lou Rei deus arcanjous,
Qu'es à noueit badut ;
Anem touts amasse
A trabes la glace,
Bers lou Diü p' ajut.

Ni per la gelade
Ni per l'escurade,
Nous estam de parti ;
Lou qui la fé guide
Et qui en Diü se hide
Nous pot esbarri...

Noël (béarnais.)

Le maître des anges, — le Roi des archanges — est né cette nuit ; — allons tous ensemble — à travers la glace, — vers le Dieu délaissé.

Ni par la froidure, — ni par l'obscurité, — nous ne serons empêchés de partir ;— celui que la foi guide — et qui se confie en Dieu — ne peut s'égarer...

Dialecte limousin.

LA MAR LATINA.

O mar soubeirana, mar enchantarela,
Doun lou noum vol dire e gràcia e grandour,
As present, passat, endevenidour,
Tout sa que l'on ama, e n'on se rapela !

Rouma toujourn vielha e toujourn nouvella,
Palma, Barcelouna, al chant auvidour,
Nostra ciutat maire (huei es ilha bella !)
D'autras mai t'esclardoun de quanta esclar-
[dour !

E tu las couvidas, tu las reviscoulas,
Tu fas que son fortas, en n'essent pus soulas,
Méditerranea, centre patrial !

Ansi, per l'estiu, eglas e couloumbas,
Ensems venon beure, alen, dins las coumbas,
Ad un cros ple d'aigua, ple d'aigua del cial !

LA MER LATINE.

O mer souveraine, mer enchanteresse, — dont le nom signifie grâce et grandeur, — tu as présent, passé, avenir, — tout ce que l'on aime, et qu'on se rappelle !

Rome toujours ancienne et toujours nouvelle, — Palma, Barcelone, au chant digne d'attention, — notre cité mère (aujourd'hui quelle est belle !) — d'autres t'illuminent encore, et de quelle clarté !

Et tu les convies, tu les ranimes, — tu fais qu'elles sont fortes, en n'étant plus seules,— Méditerranée, centre de la patrie !

Ainsi, l'été, aigles et colombes, — viennent boire ensemble, là-bas, dans les vallées, — à un creux plein d'eau, plein de l'eau du ciel !

(J. Roux.)

Dialecte auvergnat.

LA HENRIADE (parodie).

Gaspard dourmiot subre soun ley,
A veniot de thiuer soun chaley;
Et tout étendu a rounflavo,
Sens se dutter d'aucuno entravo.
D'abord un horrible sabbat
Le fait sourtir de soun grabat:
A me la feneitro à la teito,
Per s'infourmer d'aquello feito:
A l'aperce de grands marauds
Que fageount breuler soun haustaud:
Apellavot sos domestiqueis,
Per chasser tous quos fanatiqueis.
Aquello troupo de recors
Los sounavount coumo dos porcs.
Chilot atropot soun épeyo,
Per los bouter en fricasseyo;
Soun paubre gendre Teiligni,
Sous soun balcoun troubet sa fis...

(Faucon.)

MORT DE L'AMIRAL GASPARD DE COLIGNY.

Gaspard dormait sur son lit, — il venait d'éteindre sa lampe; — et tout étendu il ronflait, — sans se douter d'aucune entrave. — D'abord un horrible sabbat — le fait sortir de son grabat: — il a mis la tête à la fenêtre, — pour s'informer de cette fête: — apercevant de grands marauds — qui font brûler sa maison: — il appelait ses domestiques, — pour chasser tous ces fanatiques. — Cette troupe de recors — les saignaient comme des pourceaux — Chilot saisit son épée, — pour les mettre en fricassée; — son pauvre gendre Teiligni, sous son balcon trouva sa fin.

Dialecte dauphinois.

MOU DERA COUCON.

Invoucacionn.

Dsuevuena Mère, ô sinta Vierge,
Vous m'éde toujour beneya:
Paro moù magnon delle merje
Doù ra tsoùlà dell'oùteya.

Estandà voutra man puessànta
Si la méson, dsan mon granà;
Qu'à choque troùssa joùgnuessànta
De coucon, n'aye in plan panà.

Offranda.

Enfin, dedsan voutra chapella
Imblamen j'éra vous pourto
La troùssa choùsia la pli bella
Où pié de voutroù siut z'oùto.

— Chanto, découcounoùse
Jouyoùse!
Chanto, débourretoùse:

MES DERNIERS COCONS.

Invocation.

Divine Mère, ô sainte Vierge! — vous m'avez toujours béni: — Préservez mes vers à soie des souris, — des rats de tuile et des coups de chaleur.
Etendez votre main puissante — sur la maison, dans mon grenier; — qu'à chaque trousse jaunissante de cocons — il y en ait à pleins paniers.

Offrande.

Enfin, dans votre chapelle, — humblement j'irai vous porter — la trousse choisie la plus belle, — au pied de vos saints autels.

Chante, déconneuse — joyeuse! — Chante, débourreuse; — le chiendent est

Le grome sont gargniuet,   garni ; — les *mourjattes* (*)
Le mourjatte sont plene,   sont pleines, — Mesdames,
   Me fene,   de cocons à poignées.
De coucon à pignuiet.

N'ampliron lou lancié ;   — Nous en remplirons un
   Où sié   drap ; — dans l'aire, — gai-
Guéman n'éron dansié.   ment, nous irons danser. —
Chanto, découcounoùse !   Chante, décoconneuse ! —
Allon, debourreto !   allons, débourre ! — Chan-
   Chanto !   te, — chante, débourreu-
Chanto, débourretoùse !…   se !…

    (Maurice Rivière.)

(*) *Plantago cynops*
Plantain ligneux.

Catalan. (*)

VIVA PRÒVENZA !   VIVE LA PROVENCE !

Cel hermos de la Provenza,   Beau ciel de la Provence,
Dolsa terra dels amors,   — douce terre d'amour, — le
Lo recort que yo m'emporto   souvenir que j'emporte — ne
May se'm borrará del cor.   s'effacera jamais de mon cœur.

Yo he vist Nimes y Marsella   J'ai vu Nîmes et Marseille,
Avignon y Tarascó :   Avignon et Tarascon : — je
Yo sé pas si n' hi ha de vila   ne sais s'il y a des villes —
Mes bellas en tot lo mon   plus belles dans tout le monde.

O terra de prometenza,   O terre de promission, —
O ben amada Provenza,   ô bien-aimée Provence, —
Deu te guarde de tot mal !   Dieu te garde de tout mal !
Viva Provenza ! Viva en Mistral !   — Vive la Provence ! Vive
   Mistral !

Yo conech la flor y nata   Je connais la fleur exquise
De tos trovadors galants,   — de tes charmants trouba-
Aubanel y Roumanille,   dours : — Aubanel et Rouma-
Roumieux, Mathieu y Mistral,   nille, — Roumieux, Mathieu
Que fa molt temps que mos llabis   et Mistral, — car il y a long-
Aprenen à murmurar   temps que mes lèvres —
La lengua de ton païs,   apprennent à murmurer la
De tos felibres los cants.   langue de ton pays, — et le
   chant de tes félibres.

O terra de prometenza,   O terre de promission, —
O ben amada Provenza,   ô bien-aimée Provence, —
Deu te guarde de tot mal !   Dieu te garde de tout mal ! —
Viva Provenza ! Viva en Mistral   Vive la Provence ! Vive
   Mistral !

    (Victor Balaguer.)

(*) Le Catalan est un idiome qui s'étend sur l'est de l'Espagne,
les iles Baléares et le Roussillon.

Au moyen-âge, après que le nord eut triomphé du midi, la langue des troubadours était tombée en décadence ; et il n'y a pas un demi-siècle qu'elle dégénérait encore en patois. Avant d'apercevoir la brillante renaissance de notre idiome, un provençal pouvait dire à sa langue :

> Per lou francè, pamen, vous vaqui destrounado.
> Mè, de gloiro è d'amour toumbas envirounado.
> Ounour à Villemain, Santo-Beuvo è Noudié !
> Sé vous an pas soùvado, eï qué res lou poudié. (*)

Par le français cependant, vous voilà détrônée. — Mais de gloire et d'amour vous tombez environnée. — Honneur à Villemain, Sainte-Beuve et Nodier ! — S'ils ne vous ont pas sauvée, c'est que personne ne le pouvait.

Mais ce pouvoir dont parle le poète s'est manifesté ; et un mouvement littéraire, le plus étonnant, peut-être, dans l'histoire des peuples, s'est produit de nos jours.

Reprenant le langage illustre de nos pères, le Félibrige, à la tête duquel se sont placés Roumanille, Mistral, Aubanel a accompli l'œuvre d'une immortelle renaissance.

De tous les points de la France méridionale, se sont élevés des littérateurs qui travaillent à maintenir la gloire de nos traditions nationales.

La langue d'oc est divisée aujourd'hui en sept principaux dialectes ; c'est un faisceau sacré qui nous en assure davantage l'existence. Vivront-ils ensemble comme le flamand et le français dans la nation belge ou juxta-posés, comme le portugais et l'espagnol dans la péninsule voisine, ou bien auront-ils le sort des dialectes d'*oïl* éclipsés par celui de l'Ile-de-France ? C'est un secret de l'avenir ; mais quoiqu'il en soit notre douce et chère langue d'*oc* a conquis sa place dans le monde littéraire, et nul ne serait capable de la lui ravir. Celui qui voudrait l'essayer soulèverait contre sa tyrannique entreprise l'indignation publique, la fierté nationale et l'amour du sol natal.

(*) Orthographe de 1847.

Bien autrement agit à l'égard de sa sœur, la noble et belle langue française; elle admire dans la province, elle attire dans sa capitale les jeux floraux, les fêtes poétiques où se réunissent toutes les classes sociales, toutes les croyances religieuses, toutes les nuances politiques: lien solide autant que glorieux pour maintenir l'unité de la nation. Ecrivains, professeurs de faculté, magistrats, évêques et généraux concourent à la renaissance de la langue du midi; et depuis l'humble écolier, qui place, à côté de ses livres classiques, le recueil des Troubadours jusqu'au Ministre de l'Instruction publique, approuvant cette idée ingénieuse (1), à tous les degrés de l'enseignement, le provençal est considéré comme l'un des plus utiles auxiliaires du français.

Lors de la dernière exposition universelle, un membre de l'Institut, M. Michel Bréal, démontra éloquemment à l'élite des Instituteurs, la nécessité de se servir de l'idiome local, et il cita des exemples tirés de la langue provençale. De vifs applaudissements accueillirent cette intéressante dissertation dont l'importance et la nouveauté ont laissé des traces profondes dans l'esprit des auditeurs; ceux-ci, en visitant les travaux scolaires de l'exposition, auront vu des exercices de versions flamandes et provençales; ils se seront aperçus que la méthode, signalée par le professeur du Collège-de-France avait déjà pénétré, non sans succès, sur le terrain pratique de l'enseignement primaire. Là, comme dans le collège, quelques professeurs aussi intelligents que dévoués ont recueilli les prémices de ces études fructueuses; et l'on peut espérer de voir enfin l'enseignement du français, dans les classes primaires, sortir du cercle vicieux où il est depuis si longtemps enfermé.

(1) Voir le recueil des Conférences faites sur l'enseignement primaire, à la Sorbonne, pendant l'exposition universelle de 1878.

Nous devons remercier ici les auteurs dont le précieux concours
a été favorable à la publication de cet ouvrage.

Ce sont MM. F. Mistral, T. Aubanel et les félibres d'Avignon ;
A. Verdot, A. Arnavielle et plusieurs membres de la Société pour
l'étude des langues romanes qui nous ont communiqué des notes
très-utiles sur leurs sous-dialectes.

PRÉFACE

L'enseignement de la grammaire, dans les écoles, n'est pas assez dirigé vers l'expression de la pensée. La division générale, la subdivision des espèces, l'emploi de quelques termes servant à les désigner, manquent trop souvent de cette exactitude et de cette logique d'ensemble qui sont une qualité fondamentale dans l'étude des langues.

Nous avons voulu éviter un tel défaut. Puisque la grammaire renferme les lois du langage, elle doit les exprimer avec la concision et la clarté des formules législatives ; guidé par ces principes nous avons adopté certaines modifications que nous allons exposer en les motivant.

Cet ouvrage est divisé en trois parties : I. — *Des mots*. II. — *De la proposition* III. — *De la phrase ou proposition composée*.

La première partie est purement lexicologique ; elle traite de l'espèce et de la formation des mots.

A l'exemple de quelques grammairiens, nous avons classé l'article parmi les adjectifs déterminatifs.

En effet l'article est un mot que l'on ajoute au nom à cause de la détermination du genre, de l'espèce ou de l'individu.

Cela permet de compléter la série des adjectifs déterminatifs qui, au nombre de six, correspondent exactement aux pronoms déterminatifs. D'où l'on voit que ces deux sortes de mots ont un rôle identique au fond : l'adjectif détermine le nom exprimé et le pronom détermine le nom tout en le remplaçant. Le mot *un* n'est

pas un article indéfini ; lorsqu'il est pris dans un sens indéterminé, on ne peut que le rapporter aux adjectifs ; car l'idée de
nombre lui reste, et il se range dans la catégorie des adjectifs
indéfinis qui désignent vaguement la quantité.

Il y a contradiction quand on dit, en français, *des* pluriel de
un article indéfini. On sait que *des* est mis pour *de les* ; or
comment *les*, qui est un article appelé défini, deviendrait-il
indéfini ?

Il serait donc difficile de former une division exacte de l'article
défini *le, la, les* et de l'article indéfini *un, des* ; tandis que *le* et
un se trouvent exactement classés dans les adjectifs déterminatifs.

La définition qu'on donne du mot composé et du nom composé
sont contradictoires puisqu'une même dénomination désigne deux
objets différents. Le mot *désordre* est véritablement un nom
composé, formé d'un radical *ordre* et d'un préfixe *dès* ; mais alors
le mot *arc-en-ciel* qui a une formation différente ne devrait pas
recevoir cette dénomination. L'expression *arc-en-ciel* est une
réunion de mots remplissant le rôle du nom ; nous l'appellerons
donc justement locution nominale.

Cette désignation complète la série des locutions qui s'étend à
toutes les parties du discours. Il y a réellement des locutions
nominales, adjectives, pronominales, verbales, adverbiales, prépositives, conjonctives et interjectives.

Le participe est toujours un mode du verbe ; en devenant ce
que l'on est convenu d'appeler participe adjectif ou adjectif verbal,
il garde sa fonction propre qui est de modifier le sens du sujet,
Ex. : *Pétrarque est immortalisé* ; en disant *Pétrarque, immortalisé
par la poésie, est cher à la Provence*, le participe se rapporte
encore au sujet (*qui est immortalisé*); si le participe ne change ni
de nature, ni de fonction, il semble inutile d'en faire une classe
séparée du verbe.

Nous n'admettons point la conjonction dans la proposition
simple ; celle-ci ne peut avoir que des rapports établis par la
préposition. Toute conjonction unit deux propositions dans la
phrase.

L'interjection ne forme pas dans le discours un mot d'une nature propre. Elle a été, pour ainsi dire, le fonds primitif du langage ; avant de parler, l'enfant a des sortes d'interjections pour manifester ce qu'il ressent ; l'homme les emploie quand il veut exprimer ses sentiments avec plus de promptitude et de vivacité. Les expressions représentant le son, le cri, le bruit, le mouvement sont des sortes d'interjections. Les peuples du midi ont plus de sensibilité et d'activité ; ils habitent des contrées ou la nature est plus chaude, plus vive, plus colorée, plus expressive ; c'est pourquoi la langue provençale est très-riche en interjections.

Il n'y a pour ainsi dire que quatre mots essentiels au langage : le *substantif* avec le pronom qui le remplace, *l'adjectif* qui désigne la qualité avec l'adverbe qui lui est analogue, le *verbe* et la *préposition* qui marque les rapports que les autres mots ont entre eux ; celle-ci a pour analogue la conjonction.

La deuxième partie expose les règles de l'accord, des compléments et de l'emploi particulier des mots dans la proposition.

La troisième partie renferme l'étude de la nature des propositions et les règles qui servent à en former des phrases ou propositions composées.

Ces deux dernières parties comprennent ce qu'on appelle la syntaxe ou phraséologie.

Nous avons préféré le nom d'analyse grammaticale des mots et des propositions à ceux d'analyse grammaticale et analyse logique qui nous paraissent défectueux. A quel titre l'analyse de la proposition serait-elle plus grammaticale que l'analyse appelée logique ? Est-ce que celle-ci ne traite pas exclusivement de ce qui est enseigné par la grammaire ?

Du reste elle a pour objet les rapports grammaticaux, c'est-à-dire ceux qui existent entre les propositions verbales et les substantives, adjectives ou adverbiales (les principales et les subordonnées) aussi bien que les rapports logiques unissant exclusivement les propositions verbales (principales).

Les termes analytiques, qui manquent d'exactitude et qui sont le plus ordinairement incompris, retardent les progrès dans la langue.

Et maintenant nous émettrons le vœu de voir la grammaire historique offrir d'utiles et intéressantes explications à la partie théorique ; alors les épines de l'enseignement grammatical se couvriront entièrement de fleurs et les études linguistiques feront le charme des leçons où l'éducation populaire obtiendra des succès inconnus jusqu'ici.

PREMIÈRE PARTIE

DES MOTS

NOTIONS PRÉLIMINAIRES

Grammaire.

Langue.
{ Idiome.
{ Dialecte.
{ Patois.

Mots.
{ Lettres. { Voyelles.
{ Diphthongues. { Consonnes.
{ Syllabes. { Monosyllabe.
{ { Dissyllabe.
{ { Trissyllabe. . . . Polysyllabe.
{ Signes ortho-
{ graphiques.

Division des mots.
{ Variables. { Nom.
{ { Adjectif.
{ { Pronom.
{ { Verbe.
{ Invariables. { Adverbe.
{ { Préposition.
{ { Conjonction.
{ { Interjection.

Proposition.

Phrase.

Discours.

GRAMMAIRE PROVENÇALE

PREMIÈRE PARTIE

NOTIONS PRÉLIMINAIRES

GRAMMAIRE, LANGUE, DIALECTE, PATOIS.

1. Une grammaire enseigne à parler et à écrire correctement.

2. Une langue ou idiome est l'expression propre à un peuple pour manifester ses pensées.

3. La langue d'oc dérive du latin, comme l'italien, l'espagnol, le portugais, le français, le roumanche (1) et le rouman (2) ; ce sont les sept langues romanes ou néo-latines.

4. On appelle dialecte la forme particulière de la langue dans une ville ou une province.

---

(1) Il est parlé dans une partie du canton des Grisons (Suisse).

(2) Il est parlé dans la Roumanie, ainsi que dans une partie de l'Austro-Hongrie, et plusieurs parties de la Turquie d'Europe et de la Russie.

Il y a les dialectes provençal (rhodanien et marseillais, sous dialectes), languedocien, gascon, aquitain, béarnais, limousin, auvergnat et dauphinois.

5. Le patois est un dialecte déchu, qui n'a point de littérature et n'existe plus que dans la conversation.

6. Pour exprimer sa pensée, en parlant et en écrivant, on emploie des mots.

La grammaire provençale a pour objet :

1° Les mots provençaux et les éléments qui les composent.

2° Les règles des modifications et des combinaisons que subissent ces mots.

7. On forme les mots avec des lettres.

8. Il y a deux sortes de lettres : les voyelles et les consonnes.

VOYELLES.

9. Les voyelles sont des lettres qui ont par elles-mêmes une voix, un son.

10. Il y en a cinq : *a, e* (son français *é*), *o, i, u*; chacune de ces voyelles a le même son qu'en français.

11. Il y a trois sortes d'*e* : l'*e* muet, l'*e* fermé et l'*e* ouvert.

12. L'*e* muet est celui qui ne se fait presque pas entendre : *ome,* homme; il est toujours à la fin des mots.

13. L'*e* fermé est celui qu'on prononce en ayant la bouche presque fermée : *aucelet* oiselet, *devé* devoir, *te* te.

14. L'*e* ouvert est celui qu'on prononce en ayant la bouche ouverte; *Nouvè* Noël.

15. L'*e* est presque toujours fermé dans les terminaisons *egro, enco, engo, enjo, eno, ero, esco, esso, eto, éune, éure* : *negro* noire, *unenco* unième, *lengo* langue, *lausenjo* louange, *peno* peine, *sero* draine, *pesco* pêche, *tigresso* tigresse, *pouleto* petite poule, *ciéune* cygne, *béure* boire.

L'*e* est ordinairement ouvert devant *br, ll, mbl, mp, nç, nr, r* suivi d'une consonne, *str*, et, en général, devant une ou plusieurs consonnes suivies d'une voyelle muette : *lèbre* lièvre, *bello* belle, *sèmblo* il semble, *trèmpo* piquette, *souvenènço* souvenir, *innoucènci* innocence (il y a exception pour *semenço*), *genre* genre, *ferme* ferme, *ferre* fer, *erso* vague, *nerto* myrte, *fenèstro* fenêtre, *trèvo* fantôme.

Il est aussi ouvert dans les monosyllabes et à la finale des mots où il précède l'*m* et l'*r* : *tèms* temps, *printèms* printemps, *pèr* pour, *infèr* enfer, *desert* désert.

Il en est de même dans la terminaison *ènt*, *ènto* : *jouvènt* jeune homme, *ardènto* ardente, et dans la pénultième des verbes terminés par une syllabe muette [1] : *espèron* ils espèrent.

Il y a exception : 1° Pour les terminaisons *eca*, *ega*, *ena*, *eta* de l'infinitif qui font avec l'*e* fermé : *peneques* tu sommeilles, *boulego* il remue, *trenon* ils tressent, *teton* ils tettent.

2° Pour *crento* crainte, *empento* gouvernail, *ento* il greffe.

16. On distingue aussi :

L'*o* muet, qui se trouve à la fin des mots ou dans la dernière syllabe des verbes à la troisième personne : *plano* plaine, *davalo* il descend, *vènon* ils viennent.

L'*o* fermé : *dóu* du, *óulivo* olive ; il est toujours suivi de l'*u*.

L'*o* ouvert est généralement placé devant un *i* ou une consonne de la dernière syllabe et dans la pénultième suivie d'une syllable muette : *galoi* joyeux, *estrambord* enthousiasme, *porte* je porte, *porto* porte, *roco* roche.

L'*o* est encore ouvert dans les monosyllabes : *clot* touffe, *fió* feu.

17. L'*i* est quelquefois muet, comme dans les mots : *àvi* aïeul, *bàrri* rempart, *pàli* dais.

Il est fermé dans *ami* ami, *benesi* béni, *pali* pâlir, *pâli*.

REMARQUES. I. L'*e* et l'*i*, à la fin des monosyllabes, sont fermés : *dre* droit, *li* les.

____

(1) Voir le numéro 38.

II. L'*i* qui termine les verbes à l'infinitif, au participe, à l'indicatif et à l'impératif est toujours fermé : *establi* établir, *establis* il établit (2).

III. L'*o* dans les monosyllabes est ouvert : *ro* roc ; excepté dans *lou* le, *pous* puits et quelques autres où l'*o* est suivi de l'*u*.

18. Les voyelles *e, i, u* conservent leur son propre devant *m* et *n* : *embarca* embarquer, *lin* lin, *un* un ; il en est de même pour l'*i* après les voyelles *a, e, o* : *espaime* épouvante, *rèire* ancêtre, *revoi* dispos.

CONSONNES.

19. Les consonnes sont des lettres qui ne forment un son qu'avec le secours des voyelles.

20. Les consonnes sont appelées labiales, gutturales, dentales, linguales, suivant l'organe vocal qui sert à les prononcer ; en voici le tableau :

	LABIALES	GUTTURALES	DENTALES	LINGUALES
DOUCES	b. v.	g.	d.	l.
FORTES	p. f.	c. q.	t.	r.
SIFFLANTES { DOUCES			g *(dz)* devant *e, i* ; j *(dz)* devant *a, e, o, i, u* ; z.	
SIFFLANTES { FORTES			ch *(ts)* s.	

21. Les consonnes linguales *l* et *r* sont dites liquides parce qu'elles se combinent facilement avec d'autres consonnes, telles que *b, c, d, g, p, t* : *blound* blond, *clanti* retentir, *dragèio* dragée, *gran* grain, *plen* plein, *tron* tonnerre.

____

(2) Voir du numéro 133 à 140.

22. Les consonnes *m*, *n* sont appelées nasales parce qu'elles donnent un son nasal à la voyelle précédente toutes les fois qu'elles ne sont pas suivies d'un autre voyelle : *couloumbo* colombe, *serafin* séraphin.

23. L'*h* entre deux voyelles indique qu'elles doivent être prononcées séparément : *famiho (fami-o)* famille.

24. On appelle lettre euphonique la consonne qui est placée entre la voyelle de deux mots pour en éviter l'hiatus : *à-z-Ais* à Aix, *à-n-un* à un.

SIGNES ORTHOGRAPHIQUES.

25. Les signes orthographiques sont :

26. L'accent aigu (´) qui se met sur l'*e* final et sur l'*o*, quand ils sont fermés, pour les distinguer de ces mêmes voyelles muettes : *venié* venait, *óutobre* octobre.

27. L'accent grave (`) qui se met sur l'*è* et sur l'*ò* ouverts pour les distinguer de ces mêmes voyelles fermées : *crudèlo* cruelle, *còu* cou.

REMARQUES. 1. Les provençaux, ne marquant pas l'*i* fermé d'un accent, emploient l'accent grave sur la voyelle de la pénultième quand la dernière syllabe renferme l'*i* muet : *pàli* dais, *quàuqui* quelques, *vòsti* vos.

L'accent orthographique est alors changé en accent prosodique.

II. Les règles précédentes sur l'accentuation dispenseraient d'employer cet accent prosodique.

28. L'apostrophe (') qui indique la suppression de l'une des voyelles *a, e, ou : l'estello (la estello)* l'étoile, *s'es (se es)* s'est, *l'oustau (lou oustau)* la maison, *i'a (ié a)* il y a, *es passa 'm' éu (es passa emé éu)* il est passé avec lui, *i'a 'u (ié a au)* il y a au.

29. La cédille (¸) qui donne le son de *s* fort au *c* devant *a, o : traça* tracer, *plaço* place.

30. Le tréma (¨) qui se met sur l'*i* et l'*e* pour les détacher d'une autre voyelle : *countribuï* contribuer, *pouësio* poésie.

31. Le trait d'union (-) qui sert à lier plusieurs mots : *arc-de-sedo* arc-en-ciel ; *tout-d'un-tèms* tout d'un coup.

SYLLABES.

32. Une syllabe est une ou plusieurs lettres qu'on prononce en une seule émission de voix.

DIPHTHONGUES.

33. On appelle diphthongue la réunion des sons de deux voyelles appartenant à une même syllabe, comme *ai, au, ei, èi, éu, èu, ia, ian, ié, ien, io, oi, óu, òu.*

REMARQUES I. L'*e* de la diphthongue *ei* est ouvert à la pénultième suivie d'une syllabe muette, à la fin des mots et dans les monosyllabes : *rèino* reine, *parèis* il paraît, *crèis* il croît. On met alors un accent grave sur l'*e* ouvert.

II. Pour séparer l'*i* de l'*o* qui est muet, on met un accent grave sur l'*i* : *Mario* Marie.

III. Quand l'*a* est suivi de *io* ou de *ioun*, il en est séparé pour la prononciation : *paiolo* (*pa-iolo*) paillette, *parpaioun* (*parpa-ioun*) papillon.

IV. L'*u* a le son *ou* après *a, é, è, o, ó, ò.*

34. Les triphthongues sont la réunion de trois sons dans une syllabe, comme *iai, ièi, iéu, ióu, iòu, ioun, iuen, oui, uei.*

35. La réunion de deux consonnes en une syllabe se nomme aussi diphthongue : *bl, cl, dr, fl, gl, pl, br, cr, pr, tr.*

MOTS.

36. Un mot est une syllabe ou la réunion de plusieurs syllabes qui expriment une idée : *Diéu* Dieu, *pensa* penser.

37. On appelle monosyllabe un mot d'une syllabe : *e* et, *font* fontaine ; dissyllabe, un mot de deux syllabes : *palais* palais ; trissyllabe, un mot de trois syllabes : *roumanin* romarin ; et, en général, polysyllabe tout mot qui a plus d'une syllabe.

38. La dernière syllabe d'un mot est muette lorsqu'elle a pour voyelle un *e*, un *i* ou un *o* muets.

ACCENT TONIQUE.

39. L'accent tonique est l'inflexion de la voix qui domine sur une syllabe.

Cet accent porte sur la dernière syllabe des mots, excepté dans ceux qui sont terminés par *e*, *o*, *i* (muets) ; alors il se place sur l'avant-dernière : *ta***blèu** tableau, **er***me* stérile, **fi***lo* file, **bar***ron* ils ferment, **sà***vi* sage.

PROPOSITION, PHRASE, DISCOURS.

40. Une proposition est l'expression d'un jugement : *L'amo es inmourtalo* l'âme est immortelle.

41. Une phrase est une ou plusieurs propositions qui expriment un sens complet.

42. Un discours est une suite de propositions ou de phrases qui se rapportent au même sujet.

DIVISION DES MOTS.

43. On divise les mots en huit classes qu'on appelle parties du discours ; ce sont : le nom, l'adjectif, le pronom, le verbe, l'adverbe, la préposition, la conjonction et l'interjection.

44. Les mots variables sont ceux dont la terminaison est susceptible de changement. Il y en a quatre : le nom, l'adjectif, le pronom et le verbe.

45. Les mots invariables s'écrivent toujours de la même manière ; ce sont : l'adverbe, la préposition, la conjonction et l'interjection.

REMARQUE. Les règles ci-dessus s'appliquent exclusivement à l'accentuation du dialecte provençal. Ainsi qu'on l'a fait observer, elles donneraient un moyen de reconnaître les principaux cas où certaines voyelles sont ouvertes, fermées ou muettes, ce qui semblerait autoriser l'omission de quelques accents.

Cependant pour nous conformer au système suivi par les félibres provençaux, dans les 400 volumes environ qu'ils ont déjà publiés, nous n'avons pas jugé à propos de modifier même légèrement leur manière d'accentuer.

Elle a été consacrée par des œuvres de génie, et nous l'adoptons entièrement pour l'accentuation de cette grammaire.

DU NOM OU SUBSTANTIF

DU NOM ou SUBSTANTIF

	ESPÈCES.		SORTES.
NOMS.	Nom commun.	Nom composé ou locution nominale.	
		Nom collectif.	Collectif partitif. Collectif général.
	Nom propre.	Nom concret. Nom abstrait.	

GENRES.	Masculin. Féminin.

NOMBRES.	Singulier. Pluriel.

DEGRÉS D'ÉTENDUE de la signification.	Genre. Espèce. Individu.

DEGRÉS de l'expression.	Positif. Diminutif. Augmentatif.

MOTS VARIABLES

CHAPITRE I

DU NOM OU SUBSTANTIF

46. Le nom ou substantif est un mot qui sert à nommer, à désigner les êtres animés ou inanimés : *Pèire*, Pierre ; *aiglo* aigle, *càrri* char, *bounta* bonté.

ESPÈCES.

47. Il y a deux espèces de noms : le nom commun et le nom propre.

Nom commun.

48. Le nom commun est celui qui convient à tous les êtres de la même espèce : *araire* charrue, *chivau* cheval.

Nom propre.

49. Le nom propre est celui qui désigne un être ou une réunion d'êtres, uniques dans leur espèce : *Salamoun* Salomon, *li Pirenèu* les Pyrénées. La lettre initiale des noms propres est une majuscule.

SORTES.

Nom composé. (1)

50. On appelle nom composé plusieurs mots réunis pour désigner un seul être : *Santo-Crous* Sainte-Croix, *vènt-terrau* vent de terre, du nord.

---

(1) Nous avons conservé cette dénomination de nom composé parce qu'elle est adoptée dans toutes les grammaires, mais il serait plus exact

Noms collectifs.

51. Le nom collectif est celui qui désigne une collection, une réunion de personnes ou de choses : *la moulounado* l'amoncellement, *lou barcarés* la flotte.

52. Le collectif peut être général ou partitif. Il est général lorsqu'il désigne la totalité de la collection ; alors on le reconnaît ordinairement à l'un des mots *lou* le, *la* la, *li* les, qui le précède : *la foulo di barbare* la foule des barbares. Il est partitif, s'il ne comprend qu'une partie de la collection : *un vòu de pijoun* une volée de pigeons.

Noms concret et abstrait.

53. Le nom est concret lorsqu'il désigne un être ayant une existence réelle et distincte : *ange* ange, *luno* lune.

54. Le nom est abstrait lorsqu'il désigne un être qui n'a pas d'existence propre : *jaunuro* (qualité de ce qui est jaune), *pereso* paresse.

Remarque. Le nom composé ou locution nominale et le nom concret appartiennent aux deux espèces ; le nom collectif et le nom abstrait n'appartiennent qu'à celle du nom commun.

GENRE.

55. Le genre est la propriété qu'ont les noms de désigner le sexe des êtres.

56. Il y a deux sexes et par conséquent deux genres : le masculin et le féminin.

57. Les noms d'hommes ou d'animaux mâles sont du genre masculin ; les mots *lou* le ou *un* un, mis devant ces noms, servent à les distinguer : *lou paire* le père, *un perdigau* un perdreau.

58. Les noms de femmes ou d'animaux femelles sont du

d'appeler cette sorte de nom locution nominale ; *Santo-Crous, vènt-ter-rau* sont réellement plusieurs mots réunis remplissant la fonction de nom.

genre féminin ; on peut les faire précéder de *la* le ou *uno* une : *la maire* la mère, *uno galino* une poule.

REMARQUE. On a donné, par analogie, un genre aux êtres inanimés. Le genre adopté en provençal est le même qu'en français, excepté dans quelques noms, comme *la sau* le sel, *la figuiero* le figuier, etc.

Formation du féminin.

59. On forme le féminin de trois manières :

1° Par un mot différent du masculin : *peirin* parrain, *meirino* marraine ; *brau* taureau, *vaco* vache.

2° En ajoutant au masculin le mot *femèu*, *lou roussignòu femèu*, le rossignol femelle.

3° Par l'addition d'un *o* muet : *lou dòufin* le dauphin, *la dòufino* la dauphine.

4° Au moyen des terminaisons *is, ello, ero, esso, ouiro*.

MASCULIN.		FÉMININ.	
Cantaire	chanteur,	*cantairis* *cantairo* *cantarello*	chanteuse.
Siauclaire	sarcleur,	*siauclairis*	sarcleuse.
Courdèu	cordeau,	*courdello*	cordelette.
Pastourèu	pastoureau,	*pastourello*	pastourelle.
Bergié	berger,	*bergiero*	bergère.
Fournié	boulanger,	*fourniero*	boulangère.
Mèstre	maître,	*mestresso*	maîtresse.
Dièu	dieu,	*divesso*	déesse.
Manjadou	auget,	*manjadouiro*	mangeoire.

NOMBRE.

60. Le nombre est la propriété que possèdent les noms d'indiquer l'unité ou la pluralité.

61. Il y a deux nombres en provençal : le singulier et le pluriel.

62. Le nom est au singulier quand il ne désigne qu'un seul être : *lou tèmple* le temple.

63. Le nom est au pluriel quand il désigne plusieurs êtres : *li coumeto* les comètes.

64. La terminaison des noms au pluriel est la même qu'au singulier : *lou castèu* le château, *li castèu* les châteaux.

DEGRÉS D'ÉTENDUE DANS LA DÉSIGNATION DES NOMS

65. Le nom peut désigner :

1° Un genre d'êtres ou d'objets : *Diéu faguè l'ôme à soun image*, Dieu fit l'homme à son image. Le nom *ome* comprend tout le genre humain.

2° Une espèce : *l'ome benfasènt es lausa*, l'homme bienfaisant est loué. Le nom *ome* comprend tous ceux qui sont bienfaisants.

3° Un individu : *Veici l'ome que nous fau*, voici l'homme qu'il nous faut ; ici le nom *ome* ne désigne qu'un être isolé.

66. Dans ces trois exemples *ome* a un sens déterminé ; s'il ne désigne ni un genre, ni une espèce, ni un individu, il est indéterminé : *Parles en ome*, tu parles en homme.

AUGMENTATIFS ET DIMINUTIFS.

67. L'expression, dans les noms, est susceptible d'être augmentée ou diminuée : *pourtau* portail a pour augmentatif *pourtalas* grand portail, et pour diminutif *pourtalet* petit portail.

68. Les augmentatifs et les diminutifs se forment au moyen des terminaisons suivantes :

As, asso ajoutent aux noms une idée de grandeur, de grosseur démesurée ou de mépris : *aubras* grand arbre, *capelas* g. chapeau, *aurasso* g. vent, *aurihasso* g. oreille, *vidasso* vie longue et malheureuse.

Et, eto, ihoun, ihouno, oun, ouno donnent aux noms une idée de petitesse et de grâce : *ramelet* petit rameau, *aureto* p. vent, *enfantet* p. enfant, *tourrihoun* p. tour, *coucoun* p. coque, *couquiho* coquille.

69. Il y a aussi des diminutifs de diminutifs : *enfantounet* très petit enfant.

DE L'ADJECTIF

DE L'ADJECTIF

| | ESPÈCES. | SORTES. |

Qualificatif.

ADJECTIFS.

Déterminatifs.

Article, (déterminatif du genre, de l'espèce ou de l'individu).
Démonstratif.
Possessif.
Numéraux. { Num. cardinal. { Noms
Num. ordinal. } de nombre.
Conjonctif.
Indéfini.

GENRES. { Masculin.
Féminin. — Formation.

NOMBRES. { Singulier.
Pluriel. — Formation.

DEGRÉS de signification.

Positif.

Comparatif. { d'Egalité.
d'Infériorité.
de Supériorité.

Superlatif. { Absolu.
Relatif.

LOCUTION ADJECTIVE.

CHAPITRE II

DE L'ADJECTIF

70. L'adjectif est un mot que l'on ajoute au nom pour le qualifier ou le déterminer.

ESPÈCES.

71. Il y a deux espèces d'adjectifs : l'adjectif qualificatif et les adjectifs déterminatifs.

ADJECTIF QUALIFICATIF.

72. L'adjectif qualificatif est celui qui exprime la qualité du nom : *bon escoulan* bon écolier, *papié jaune* papier jaune, *marrido taulo* mauvaise table.

73. Les adjectifs qualificatifs ont les deux genres et les deux nombres, comme les noms qu'ils qualifient.

FORMATION DU FÉMININ
DANS LES ADJECTIFS QUALIFICATIFS.

74. RÈGLE. Pour former le féminin dans les adjectifs qualificatifs, on ajoute un *o* au masculin : *ancian* ancien, *anciano* ancienne ; *franc* franc, *franco* franche.

75. REMARQUES. I. Si l'adjectif est terminé par *e* au masculin, on remplace cet *e* par *o*, *blèime* blême, *blèimo* blême ; *venerable* vénérable, *venerablo* vénérable.

II. Dans les adjectifs terminés par *ié* on ajoute *ro* et on supprime l'accent de l'*é* : *parié* pareil, *pariero* pareille ; *premié* premier, *premiero* première.

III. Quand les adjectifs ont pour terminaison *it* ou *u* précédés d'une consonne, ils se terminent en *ido* ou *udo* au féminin : *ardit* hardi, *ardido* hardie ; *alu* ailé, *aludo* ailée.

IV. Les adjectifs terminés par *au*, *èu*, *òu* changent cette terminaison en *al*, *ell*, *ol* avant de prendre l'*o* du féminin : *generau* général, *generalo* générale; *palinèu* pâle, *palinello* pâle; *jusiòu* juif, *jusiolo* juive.

Il y a exception pour *nòu* neuf, dont le féminin est *novo* neuve; *crudèu* cruel fait encore *crudèlo* cruelle.

REMARQUE. Les terminaisons *au*, *èu*, *òu* deviennent aussi *al*, *el*, *ol* devant un nom masculin singulier commençant par une voyelle : *reial avenimen* royal avènement, *bèl astre* bel astre, *mol amadou* mol amadou.

V. Les adjectifs en *aire* font au féminin *arello* : *encantaire* enchanteur, *encantarello* enchanteresse.

VI. Les adjectifs en *ièu* changent la finale en *ivo* : *pensatièu* pensif, *pensativo* pensivo; *catièu* captif, *cativo* captive.

VII. Voici le féminin de quelques adjectifs qui n'entrent pas dans les cas précédents :

Fre	froid,	*frejo*	froide.
Fres	frais,	*fresco*	fraîche.
Se	sec,	*seco*	sèche.
Publi	public,	*publico*	publique.
Dous	doux,	*douço*	douce.
Rous	roux,	*rousso*	rousse.
Faus	faux,	*fausso*	fausse.
Fla	flasque,	*flaco*	flasque.

FORMATION DU PLURIEL.

76. RÈGLE. En général l'adjectif s'écrit de la même manière aux deux nombres, mais il change l'*e* ou l'*o* en *i* quand il est placé devant les noms pluriels, *nòbli sentimen* nobles sentiments, *pléni man* pleines mains.—

REMARQUE. Placé après le nom, l'adjectif est toujours invariable pour le nombre : *poumo maduro* pommes mûres, *coulour roso* couleurs roses.

77. On ajoute un *s* euphonique : 1° A l'adjectif fémi-

nin pluriel, quand il est placé devant un nom qui commence par une voyelle : *lénis oundado* douces ondées. 2° A l'adjectif masculin pluriel pour éviter l'hiatus : *nouvèus ordre* nouveaux ordres, *gràvis autour* graves auteurs.

REMARQUE. Les adjectifs terminés au singulier par *co* et *go* ont leur terminaison plurielle en *qui* et *gui* : *frésquis aureto* fraîches brises, *lòngui paraulo* longues paroles.

DEGRÉ DE SIGNIFICATION DANS LES ADJECTIFS.

78. L'adjectif a trois degrés de signification : Le positif, *sabènt* savant ; le comparatif, *mai sabènt* plus savant ; et le superlatif, *lou mai sabènt* le plus savant.

79. Le positif exprime simplement la qualité.

Le comparatif exprime que la qualité dans l'un des deux termes comparés est égale, inférieure ou supérieure à celle de l'autre.

De là trois sortes de comparatifs : le comparatif d'égalité, le comparatif d'infériorité et le comparatif de supériorité.

80. Le comparatif d'égalité est marqué par les mots *autant que* : *Voste jardin es autant bèu que lou nostre* votre jardin est aussi beau que le nôtre.

Le comparatif d'infériorité est marqué par les mots *mens que* moins que : *L'or es mens necite que lou ferre* l'or est moins nécessaire que le fer.

Le comparatif de supériorité est marqué par les mots *mai que, pu (pus* ou *plus) que* plus que : *L'or es mai precious que lou ferre* l'or est plus précieux que le fer.

REMARQUES. I. On met *autant, mens, mai, pu* devant l'adjectif, et *que* devant le second terme de la comparaison.

II. Dans le comparatif de supériorité, *mai* s'emploie avec le nom et l'adjectif, tandis que *pu* n'est employé qu'avec ce dernier : *La roso es mai* (ou *pu) bello que lou jaussemin* la rose est plus belle que le jasmin, *la vióuleto a mai de perfum que la pervenco* la violette a plus de parfum que la pervenche.

III. *Bon* bon, *marrit* mauvais, *pichot* petit ont une seconde manière de marquer le comparatif ; on dit également, *mai bon* et *meiou* meilleur, *pu marrit* et *pire* pire, *pu pichot* et *mendre* moindre.

81. Le superlatif exprime une qualité portée à un très haut degré, c'est le superlatif absolu, ou au plus haut degré, c'est le superlatif relatif.

82. Le superlatif absolu est marqué par l'un des mots *bèn* bien, *forço* très, *estremamen* extrêmement, *infinimen* infiniment : *La musico es forço agradivo*, la musique est très agréable.

Remarque. Quelquefois le mot qui indique le superlatif absolu est mis après l'adjectif : *un aucelet poulit quenoun-sai* (tant... que je ne sais l'exprimer) un oisillon extrêmement joli.

83. On marque le superlatif en plaçant l'un des mots *lou, la, li, moun* mon, *toun* ton, *soun* son, *noste* notre, *vostre* votre devant le comparatif d'infériorité et de supériorité : *la pu blanco raubo* la plus blanche robe, *soun mendre siuen* son moindre soin.

AUGMENTATIFS ET DIMINUTIFS.

84. Les adjectifs, comme les noms, peuvent exprimer une idée d'augmentation ou de diminution : *paure* pauvre, *pauret* pauvret, *pauras* très pauvre ; *verd* vert, *verdau*, *verdastre* verdâtre, *verdoulet* verdelet ; *groumand* gourmand, *groumandoun* un peu gourmand, *groumandas* très gourmand ; *rouge* rouge, *rouginèu* rougeâtre, *doucinastre* douceâtre, *roujas* très rouge. Les terminaisons *et, au, oulet, oun, inèu, inastre* sont des diminutifs de la qualité, *as* en est l'augmentatif.

LOCUTION ADJECTIVE.

84 *bis.* On appelle locution adjective une réunion de

mots qui remplissent la fonction d'adjectif : *blu-clar* bleu-clair, *flame-nòu* tout neuf.

On met généralement le trait d'union entre les mots qui composent une locution.

ADJECTIFS DÉTERMINATIFS.

85. Les adjectifs déterminatifs sont ceux qui servent à déterminer, à préciser la signification du nom : *la carriero* la rue, *aquéu moble* ce meuble, *soun ami*, son ami, *tres òuficié* trois officiers, *la qualo soumo* laquelle somme, *quàuqui bastimen* quelques bâtiments.

86. Il y a six sortes d'adjectifs déterminatifs : l'adjectif article, les adjectifs démonstratifs, les adjectifs possessifs, les adjectifs numéraux, les adjectifs conjonctifs et les adjectifs indéfinis.

L'ARTICLE.

87. L'article est un adjectif que l'on met devant les noms pour marquer qu'ils sont pris dans un sens déterminé.

88. Il n'y a qu'un article en provençal ; c'est *lou* le pour le masculin singulier : *lou flume* le fleuve ; *la* pour le féminin singulier : *la Durènço* la Durance et *li* pour le pluriel : *li vèsti* les vêtements.

REMARQUES. I. Lorsque le mot qui suit l'article a une voyelle pour première lettre, on remplace par une apostrophe *ou* dans *lou* et *a* dans *la* : *l'oste* l'hôte, *l'amistanço* l'amitié ; c'est ce qu'on appelle élision.

II. L'article au pluriel *li* prend un *s* par euphonie devant les mots commençant par une voyelle : *lis afaire* les affaires, *lis òrri tempèsto* les horribles tempêtes.

III. *A lou* à le, *de lou* de le se changent en *au* au, *dóu* du devant tous les mots singuliers qui commencent par une consonne : *au vèspre* au soir, *dóu vilage* du village.

A li à les, *de li* de les se changent en *i* aux, *di* des devant tous les mots pluriels : *i nacioun* aux nations, *di lèi* des lois ; c'est ce qu'on appelle contraction.

On ajoute à l'*i* de l'article contracté un *s* euphonique devant les voyelles : *is aigo* aux eaux.

ADJECTIFS DÉMONSTRATIFS.

89. Les adjectifs démonstratifs sont ceux qui servent à montrer, à indiquer la personne ou la chose désignée : *aquéu riban* ce ruban, *aquesto télo* cette toile.

90. Les adjectifs démonstratifs sont :

SINGULIER.		PLURIEL.
Masculin.	Féminin.	Des deux genres.

Masculin		Féminin		Pluriel	
Aqueste	ce,	*aquesto*	cette,	*aquésti*	ces.
Aquéu		*aquelo*		*aquéli*	

REMARQUES. I. On emploie *aqueste* pour désigner l'objet qui est le plus rapproché, et *aquéu* pour celui qui est le plus éloigné ; en général on met *aquéu*.

II. *Aqueste* perd l'*e* final devant une voyelle : *aquest armana* cet almanach.

III. *Aquéu* devient *aquel* et *aquéli* prend un *s* devant une voyelle : *aquel espèr* cet espoir, *aquélis ouro* ces heures.

ADJECTIFS POSSESSIFS.

91. Les adjectifs possessifs sont ceux qui expriment à quelle personne appartient l'objet désigné par le nom qu'ils déterminent : *toun mestié* ton métier, *soun tresor* son trésor.

92. Les adjectifs possessifs sont :

SINGULIER.				PLURIEL.	
Masculin.		Féminin.		Des deux genres.	

	Masculin		Féminin		Pluriel	
Avec un possesseur.	*Moun* mon,	*ma*	ma,	*mi*	mes.
	Toun ton,	*ta*	ta,	*ti*	tes.
	Soun son,	*sa*	sa,	*si*	ses.

	Avec plusieurs possesseurs.
	Noste notre, *nosto* notre, *nòsti* nos.
	Voste votre, *vosto* votre, *vòsti* vos.
	Soun leur, *sa* leur, *si* leurs.

REMARQUE. *Moun, toun, soun* s'emploient, par euphonie, devant les noms féminins commençant par une voyelle : *moun amo* mon âme pour *ma amo, toun espaso* ton épée pour *ta espaso, soun imour* son humeur pour *sa imour.*

ADJECTIFS NUMÉRAUX.

93. Les adjectifs numéraux sont ceux qui expriment le nombre ou l'ordre des objets désignés.

94. Il y a donc deux sortes d'adjectifs numéraux : les adjectifs numéraux cardinaux et les adjectifs numéraux ordinaux.

Adjectifs numéraux cardinaux.

95. Les adjectifs numéraux cardinaux désignent le nombre, la quantité.

Ce sont :

un.	1	*sege*	16
dous	2	*dès-e-sèt.*	17
tres	3	*dès-e-vue*	18
quatre.	4	*dès-e-nòu.*	19
cinq	5	*vint*	20
sièis	6	*vint-e-un.*	21
sèt.	7	*vint-e-dous.*	22
vue	8	*vint-e-tres*	23
nòu	9	*vint-e-quatre*	24
dès.	10	*vint-e-cinq.*	25
vounge	11	*vint-e-sièis.*	26
douge.	12	*vint-e-sèt.*	27
trege.	13	*vint-e-vue*	28
quatorge.	14	*vint-e-nòu*	29
quinge.	15	*trento.*	30

quaranto.	40	*nonanto*.	90
cinquanto.	50	*cènt*.	100
sieissanto, seissanto.	60	*milo*.	1,000
setanto.	70	*milioun*. . .	1,000,000
quatre-vint, vuetanto.	80	*miliard* .	1,000,000,000

REMARQUE. *Milioun* et *miliard* sont plutôt des substantifs.

96. Les adjectifs numéraux cardinaux sont invariables, excepté *un* et *dous* qui ont pour féminin *uno* et *dos*.

Adjectifs numéraux ordinaux.

97. Les adjectifs numéraux ordinaux expriment l'ordre, le rang : *cant desen* chant dixième.

98. Ces adjectifs sont : *unen* et *premié* unième et premier, *dousen* et *segound* deuxième et second, *tresen* troisième, *quatren* quatrième, *cinquen* cinquième..... *desen* dixième, *vinten* vingtième, *trenten* trentième.... *centen* centième.... *milen* millième.... *miliounen* millionième, etc.

Formation des adjectifs numéraux ordinaux.

99. Pour former les adjectifs numéraux ordinaux on ajoute *en* aux numéraux cardinaux à partir de *dous*: *sièis, sieisen ; vint, vinten ; nonanto, nonanto-unen*.

REMARQUES. 1. Les adjectifs cardinaux terminés par *e* n'ajoutent que l'*n*: *quatre, quatren*.

II. Ceux qui ont un *o* final le perdent.

III. L'adjectif *cinq* prend un *u* avant la terminaison.

IV. *Vue* la fait précéder d'un *ch* et *nòu* d'un *v* : *vue, vuechen ; nòu, nouven*.

100. Les adjectifs numéraux ordinaux forment le féminin en ajoutant *co* au masculin : *lou tresen, la tresenco* la troisième ; *lou trento-e-unen, la trento-e-unenco* la trente-et-unième.

REMARQUE. Les adjectifs numéraux composés de plusieurs mots, n'ont de trait d'union que lorsqu'ils ne dépassent pas *cènt*.

NOMS DE NOMBRE.

101 .Certains adjectifs numéraux peuvent être employés substantivement et former :

1° Les noms de nombre cardinaux qui représentent le *o* (zéro) et les neuf chiffres significatifs : *lou un* le un ; *dous sièis* deux six.

2° Les noms de nombre fractionnaires qui expriment les parties égales d'un même objet : *la miejo* la demie, *lou tiers* le tiers, *lou quart* le quart, *lou cinquen* le cinquième, *lou centen* le centième.

REMARQUE. *Mié, tiers, quart* font au féminin *miejo, tierso, quarto.*

3° Les noms de nombre collectifs, comme *dougeno* douzaine, *vinteno* vingtaine.

4° Les noms de nombre proportionnels, comme *double* double, *triple* triple, *quadruple, quatriple* quadruple.

ADJECTIFS CONJONCTIFS.

102. Les adjectifs conjonctifs sont ceux qui déterminent le nom en y joignant un membre de phrase. Ex. : *Uno persouno es vengudo, la qualo persouno vòu èstre ausido* ; une personne est venue, laquelle personne veut être entendue.

103. Ces adjectifs sont :

SINGULIER.

Masculin.	Féminin.
Lou quau lequel,	*la qualo* laquelle.
Dóu quau duquel,	*de la qualo* de laquelle.
Au quau auquel,	*à la qualo* à laquelle.

PLURIEL.

Masculin.	Féminin.
Li quau lesquels,	*li quàli* lesquelles.
Di quau desquels,	*di quàli* desquelles.
I quau auxquels,	*i quàli* auxquelles.

ADJECTIFS INDÉFINIS.

104. Les adjectifs indéfinis sont ceux qui expriment d'une manière vague le nombre ou la qualité du nom : *quàuqui discours* quelques discours, *tàlis istòri* telles histoires.

105. Ces adjectifs sont :

SINGULIER.

Masculin.	Féminin.
Aucun aucun,	*aucuno* aucun.
Certan certain,	*certano* certaine.
Cade, chasque chaque,	*cado, chasco* chaque.
Mant maint,	*manto* mainte.
Meme même,	*memo* même.
Quauque quelque,	*quauco* quelque.
Quente, quete, quinte quel,	*quento, queto, quinto* quelle.
Tau tel,	*talo* telle.
Tout tout,	*touto* toute.
Un un,	*uno* une.

PLURIEL.

Masculin.	Féminin.
Aucun aucuns,	*aucùni* aucunes.
Certan certains,	*certàni* certaines.
Mant maints,	*mànti* maintes.
Meme mêmes,	*mémi* mêmes.
Plusiour plusieurs,	*plusiour* plusieurs.
Quàuqui quelques,	*quàuqui* quelques.
Quénti, quéti, quinti quels,	*quénti, quéti, quinti* quelles.
Tau tels,	*tàli* telles.
Tóuti tous,	*tóuti* toutes.
Uni (uns),	*ùni* (unes).

Remarque. Pour la formation du féminin et du pluriel, les adjectifs déterminatifs suivent les règles de l'adjectif qualificatif.

DU PRONOM

DU PRONOM

	ESPÈCES.		SORTES.
PRONOMS.	Personnels.		
	Déterminatifs.	Article (déterminatif, comme l'article, du genre, de l'espèce ou de l'individu).	
		Démonstratif.	
		Possessif.	
		Numéraux.	Num. cardinal. Num. ordinal.
		Conjonctif.	
		Indéfini.	

GENRE.
NOMBRE. — Dans les pronoms déterminatifs, le genre et le nombre se forment de la même manière que dans les adjectifs déterminatifs.

LOCUTION PRONOMINALE.

CHAPITRE III

DU PRONOM

106. Le pronom est un mot qui tient la place du nom.

ESPÈCES.

107. Il y a deux espèces de pronoms : les pronoms personnels et les pronoms déterminatifs.

PRONOMS PERSONNELS.

108. Les pronoms personnels sont ceux qui expriment les rôles des êtres dans le discours ; ces rôles s'appellent personnes en grammaire.

109. Il y a trois personnes grammaticales : la première est celle qui parle, la deuxième est celle à qui l'on parle et la troisième, celle de qui l'on parle.

110. Les pronoms de la première personne sont :

	SINGULIER.	PLURIEL.
	Des deux genres.	Des deux genres.
Iéu	je,	
Me	me, moi,	*nous* nous.

Les pronoms de la deuxième personne sont :

Tu	tu,	
Te	te, toi,	*vous* vous.

Les pronoms de la troisième sont :

SINGULIER   PLURIEL.

Masculin.   féminin.   Des deux genres.

Eu | il,   *elo* elle.   *éli* | ils, elles.
                                           | eux.

Se   se.   Pour les deux genres et les deux nombres.

Les pronoms suivants ont aussi les deux genres et les deux nombres : *n'*, *n'en* en, *ié* lui, y.

LOCUTION PRONOMINALE PERSONNELLE.

111. On appelle locution pronominale une réunion de mots qui remplissent la fonction de pronom.

Les locutions pronominales personnelles se forment en ajoutant *meme* aux pronoms, *iéu, tu, éu, elo, éli : iéu-meme, tu-meme, éu-meme, elo-memo, éli-memo ;* aux pronoms nous et vous on ajoute de plus *àutri : nous-àutri-meme* nous-mêmes, *vous-àutri-meme* vous-mêmes.

PRONOMS DÉTERMINATIFS.

112. Les pronoms déterminatifs sont ceux qui servent à déterminer, à préciser la signification du nom dont ils tiennent la place.

113. Il y a six sortes de pronoms déterminatifs : le pronom article, les pronoms démonstratifs, les pronoms possessifs, les pronoms numéraux, les pronoms conjonctifs et les pronoms indéfinis.

Pronom article.

114. Le pronom article est celui qui tient la place du nom en marquant qu'il exprime le genre, l'espèce ou l'individu :

La vertu es bello, fau que la pratiquen la vertu est belle, il faut que nous la pratiquions.

Pronoms démonstratifs.

115. Les pronoms démonstratifs sont ceux qui mon-

trent, qui indiquent la personne ou la chose dont ils tiennent la place.

Ces pronoms sont :

SINGULIER.

Masculin.		Féminin.	

Aqueste celui-ci,   *aquesto*   celle-ci.
Aquéu { celui,   *aquelo* { celle.
         { celui-là,   { celle-là.

PLURIEL.

Des deux genres.

Aquésti   ceux-ci, celles-ci.
Aquéli   ceux, celles, ceux-là, celles-là.

Masculin singulier.

Ço,   ce.
Eiçò,   ceci.
Acò,   cela.

116. Il y a aussi une sorte de locutions pronominales
démonstratives: *eiçò-d'eici* ceci (l'objet le plus rapproché de
ce côté-ci), *eiçò-d'eiça* ceci (l'objet le plus éloigné de ce
côté-ci) ; *acò-d'aqui* cela (l'objet le plus rapproché de ce
côté-là), *acò-d'eila* cela (l'objet le plus éloigné de ce côté-là).

Pronoms possessifs.

117. Les pronoms possessifs sont ceux qui expriment à
qui appartient l'objet désigné par les noms dont ils tiennent la place.

Ce sont :

PRONOMS INDIVIDUELS.

SINGULIER.

Masculin.		Féminin.	

Lou miéu le mien,   *la miéuno* la mienne.
Lou tiéu le tien,   *la tiéuno* la tienne.
Lou siéu le sien,   *la siéuno* la sienne.

3

PLURIEL.

Masculin.		Féminin.	
Li miéu	les miens,	*li miéuno*	les miennes.
Li tiéu	les tiens,	*li tiéuno*	les tiennes.
Li siéu	les siens,	*li siéuno*	les siennes.

PRONOMS COLLECTIFS.

SINGULIER.

Masculin.		Féminin.	
Lou nostre	le nôtre,	*la nostro*	la nôtre.
Lou vostre	le vôtre,	*la vostro*	la vôtre.
Lou siéu	le leur,	*la siéuno*	la leur.

PLURIEL.

Masculin.		Féminin.	
Li nostre	les nôtres,	*li nostro*	les nôtres.
Li vostre	les vôtres,	*li vostro*	les vôtres.
Li siéu	les leurs,	*li siéuno*	les leurs.

Pronoms numéraux.

118. Les pronoms numéraux sont ceux qui expriment le nombre ou l'ordre des noms dont ils tiennent la place.

De là deux divisions dans ces sortes de pronoms : les pronoms numéraux cardinaux et les pronoms numéraux ordinaux.

119. Ces pronoms sont les mêmes mots que les adjectifs numéraux cardinaux et ordinaux :

Avian tres journadié, dous soun parti nous avions trois journaliers, deux sont partis.

Di tres mencioun d'ounour, an angu la premiero des trois mentions d'honneur, ils ont eu la première : *dous* et *la premiero* sont des pronoms numéraux.

REMARQUE. Le pronom numéral ordinal est toujours précédé d'un adjectif déterminatif.

Pronoms conjonctifs.

120. Les pronoms conjonctifs sont ceux qui joignent un membre de phrase au nom dont ils tiennent la place; ce nom est appelé antécédent :

Es la Prouvidènci que pren siuen de tóuti li causo c'est la Providence qui prend soin de toutes les choses.

121. Ces pronoms sont :

SINGULIER.

Masculin.	Féminin.
Lou quau lequel,	*la qualo* laquelle.
Dóu quau duquel,	*de la qualo* de laquelle.
Au quau, en quau auquel,	*à la qualo* à laquelle.

PLURIEL.

Masculin.	Féminin.
Li quau lesquels,	*li qualo* lesquelles.
Di quau desquels,	*di qualo* desquelles.
I quau auxquels,	*i qualo* auxquelles.

Des deux genres.

Que { qui.
{ que.

REMARQUE. Le pronom *que* peut avoir un autre pronom pour antécédent :

Aquéu que vèn celui qui vient.

Pronoms indéfinis.

122. Les pronoms indéfinis sont ceux qui expriment d'une manière vague le nombre ou la qualité des noms dont ils tiennent la place.

123. Ces pronoms sont :

SINGULIER.

Masculin.	Féminin.
Aucun aucun,	*aucuno* aucune.
Autre autre,	*autro* autre.
Cadun, chascun chacun,	*caduno, chascuno* chacune.
Degun personne,	»
L'un l'un,	*l'uno* l'une.
L'autre l'autre,	*l'autro* l'autre.
L'on on, l'on,	»
Quaucun quelqu'un,	*quaucuno* quelqu'une.
Quau, qu qui,	»
Quacarèn quelque chose,	»
De-que (de quoi),	»
Rèn rien,	»
Res personne,	»
Tau tel,	*talo* telle.
Tout tout,	*touto* toute.
Un un,	*uno* une.

PLURIEL.

Masculin.	Féminin.
Aucun aucuns,	*aucuno* aucunes.
Autre autres,	*autro* autres.
Lis un les uns,	*lis uno* les unes.
Lis autre les autres,	*lis autro* les autres.
Plusiour plusieurs,	*plusiour* plusieurs.
Quàuquis-un quelques-uns,	*quàuquis-uno* quelques-unes.
Tau tels,	*talo* telles.
Tóuti tous,	*tóuti* toutes.
Uni (uns),	*ùni* (unes).

DU VERBE

DU VERBE

ESPÉCES.   SORTES.

VERBES.
- Substantif.
- Attributifs.
  - Transitifs.
    - Actif.
    - Réfléchi ou pronominal.
    - Passif.
  - Intransitifs.
    - Neutre.
    - Impersonnel ou unipersonnel.

Auxiliaires.
- Èstre (être.)
- Avé (avoir.)

- Radical.
- Terminaison.

SUJET.

COMPLÉMENTS.
- Direct.
- Indirect.
- Circonstanciels. | De cause, de lieu, de temps, de de manière, etc.

MODIFICATIONS.

Modes.
- Indicatif. | Présent, imparfait, parfait défini, parfait indéfini, parfait antérieur, plus-que-parfait, futurs – simple et antérieur –.
- Conditionnel. | Présent ou futur, parfait indéfini ou futur antérieur.
- Impératif. | – Présent ou futur, futur antérieur.
- Subjonctif. | Présent ou futur, parfait défini, parfait indéfini ou futur antérieur, plus-que-parfait.
- Infinitif. | – Présent ou futur, parfait indéfini.
- Participe. | Présent ou futur, passé ou parfait indéfini.

Temps.
- Primitifs.
- Dérivés.
- Simples.
- Composés.
- Présent.
- Passé.
- Futur.

Personnes.
- Première.
- Deuxième.
- Troisième.

Nombres.
- Singulier.
- Pluriel.

CONJUGAISONS.
- Affirmative.
- Négative.
- Interrogative.

CHAPITRE IV

DU VERBE

124. Le verbe est un mot qui exprime l'existence ou l'action des personnes et des choses : *Dieu es* Dieu est ; *l'amo penso* l'âme pense.

REMARQUE. Le verbe qui exprime l'action, renferme aussi l'idée de l'existence *l'astre briho (es brihant)* l'astre brille.

SUJET, ATTRIBUT ET COMPLÉMENTS DU VERBE.

125. Le sujet est la personne ou la chose dont le verbe exprime l'existence ou l'action :

La nèu èi blanco la neige est blanche ; *lou moulin viro* le moulin tourne.

126. L'attribut est l'action ou la qualité que l'on juge convenir au sujet :

L'estiéu es caud l'été est chaud ; *lou riéu cascaio (es cascaiant)* le ruisseau murmure.

127. La réunion du sujet du verbe et de l'attribut pour exprimer un jugement s'appelle proposition.

COMPLÉMENTS.

128. Les compléments du verbe sont de deux sortes :

1° Ceux qui représentent l'objet sur lequel se porte l'action. Si l'action est reçue immédiatement le complément se nomme direct.

Servèn la patrio nous servons la patrie.

Lorsque l'action est reçue indirectement, c'est-à-dire au moyen d'une proposition, le complément se nomme indirect. Il répond alors aux questions: *à quau?* (*en quau*) à qui? *de quau?* de qui? *en que?* à quoi? *de que?* de quoi? etc. :

Parlo au juge il parle au juge.

2° Les compléments circonstanciels qui ajoutent au verbe une circonstance de cause, de lieu, de temps, de manière, etc. Il vient en réponse aux questions: *pèr que?* pour quoi? *mounte?* où? *quouro?* quand? *coume?* comment?

Estùdio pèr èstre dóutour il étudie pour être docteur.

VERBES. — SUBSTANTIF ET ATTRIBUTIFS.

129. Le verbe substantif est celui qui subsiste par lui-même; c'est le verbe *èstre* être. Il est toujours séparé de l'attribut.

130. Le verbe attributif est celui qui se compose du verbe substantif et d'un attribut : *lou fiò cremo* (*es cremant*) le feu brûle.

131. Il n'y a qu'un seul verbe substantif, c'est le verbe *èstre* être ; tous les autres verbes sont attributifs.

MODIFICATIONS DU VERBE.

132. On considère quatre modifications dans le verbe : le mode, le temps, la personne et le nombre.

Mode.

133. Le mode est la manière dont le verbe exprime l'existence ou l'action.

134. On distingue six modes: l'infinitif, le participe, l'indicatif, le conditionnel, l'impératif et le subjonctif.

135. L'infinitif exprime le fait d'une manière vague, générale:

Béure boire, *pesca* pêcher.

REMARQUE. Ce mode est considéré comme la forme substantive du verbe : *lou béure* le boire, *lou manja* le manger, *lou dourmi* le dormir, *lou pesca* l'action de pêcher.

136. Le participe attribue le fait d'une manière générale aux personnes et aux choses; c'est en quelque sorte la forme adjective du verbe :

Amant aimant (qui est aimant), *aguènt taia* ayant taillé.

137. L'indicatif exprime qu'un fait a été, est ou sera réalisé:

A *travaia* il a travaillé, *travaio* il travaille, *travaiara* il travaillera.

138. Le conditionnel exprime qu'un fait serait accompli moyennant une condition.

Anariéu te vèire se n'aviéu lou tèms j'irais te voir si j'en avais le temps.

139. L'impératif exprime le commandement, la prière :

Faguen de mau en res ne faisons de mal à personne; *ajudas-nous* aidez-nous.

140. Le subjonctif exprime la volonté, la nécessité, le doute, la crainte, le désir, etc. :

Vole que vèngue, je veux qu'il vienne; *vèngue lou printèms*, vienne le printemps.

141. On appelle modes personnels ceux qui désignent les personnes grammaticales. Il y en a quatre : l'indicatif, le conditionnel, l'impératif et le subjonctif.

142. L'infinitif et le participe sont appelés modes impersonnels parce qu'ils ne désignent aucune des personnes grammaticales.

Temps.

143. Le temps est la modification du verbe qui indique à quelle partie de la durée se rapporte le fait dont on parle.

144. Il y a trois parties ou temps principaux de la durée; ce sont : le présent, le passé et le futur.

145. **I.** Le présent marque ce qui a lieu au moment de la parole : *camine* je chemine.

REMARQUE. Le présent n'a point de division, mais le passé et le futur sont subdivisés parce que le fait qui s'y rapporte peut se produire dans diverses époques, plus ou moins éloignées du présent.

146. II. Le passé marque ce qui a eu lieu avant le moment où l'on parle : *Caminères* tu cheminas.

147. Il y a cinq sortes de passés : l'imparfait, le parfait défini, le parfait indéfini, le parfait antérieur et le plus-que-parfait.

148. L'imparfait exprime un fait passé, mais qui n'était pas achevé quand un autre s'accomplissait :

Lou vesien quand passavo on le voyait quand il passait.

149. Le parfait défini exprime qu'un fait a eu lieu dans un temps déterminé et entièrement écoulé, comme le jour, la semaine, le mois, l'année.

Ièr faguè bèu hier il fit un beau temps.

150. Le parfait indéfini exprime qu'un fait s'est passé dans un temps complètement écoulé, mais non déterminé, ou dans un temps partiellement écoulé.

An vesita Roumo ils ont visité Rome ; *Soun arriva de-matin* ils sont arrivés ce matin.

151. Le parfait antérieur exprime qu'un fait s'est passé immédiatement avant un autre déjà passé :

Quand i' aguères di, venguè quand tu le lui eus dit, il vint.

152. Le plus-que-parfait exprime qu'un fait se trouvait accompli avant un autre également passé.

Aviéu escri au moumen qu'intrè j'avais écrit au moment où il entra.

153. III. Le futur marque ce qui doit avoir lieu dans l'avenir : *Caminaren* nous cheminerons.

154. Il y a deux sortes de futurs : le futur simple et le futur antérieur.

155. Le futur simple indique simplement que le fait aura lieu dans un temps à venir :

L'an que vèn óulivaran l'année prochaine on cueillera les olives.

156. Le futur antérieur indique un fait qui doit avoir lieu avant un autre.

Après qu'auran óuliva, la jalado vendra après qu'on aura cueilli *les* olives, la gelée viendra.

Temps simples et temps composés.

157. Les temps simples sont ceux qu'on exprime par un seul mot, comme *siéu* je suis, *ai* j'ai, *dormon* ils dorment.

158. Les temps composés sont ceux qu'on exprime par deux ou trois mots, comme *siéu esta* j'ai été, *ai agu* j'ai eu, *sarien esta endourmi* ils auraient été endormis.

Remarque. Le premier mot des temps composés est toujours l'un des verbes *avé, èstre* qui aident à la formation de ces temps; c'est pourquoi on les nomme verbes auxiliaires.

Personne.

159. La personne, dans le verbe, est la modification qui indique si le sujet représente la première, la deuxième ou la troisième personne grammaticale :
Legisse je lis, *legissés* tu lis, *legis* il lit.

Nombre.

160. Le nombre, dans le verbe, est la modification qui indique si le sujet est au singulier ou au pluriel.
Canto il chante, *canton* ils chantent.

RADICAL ET TERMINAISON.

161. On distingue deux parties dans le verbe : le radical et la terminaison.

162. Le radical représente la signification essentielle du verbe, il est ordinairement invariable : *canta* chanter, *cant-a.*

163. La terminaison est la partie du verbe qui change pour indiquer le mode, le temps, la personne ou le nombre.

CONJUGAISON.

164. Conjuguer un verbe c'est en exprimer tous les modes, les temps, les personnes et les nombres.

165. La conjugaison se forme en ajoutant les terminaisons au radical.

MODES

INFINITIF

Temps simples.		Temps composés.	
PRÉSENT OU FUTUR.		PARFAIT INDÉFINI.	
avé, agué avoir.		*avé, agué agu* avoir eu.	

PARTICIPE

Temps simples.		Temps composés.	
PRÉSENT OU FUTUR.		PARFAIT INDÉFINI.	
avènt, aguènt ayant		*avènt, aguènt agu* ayant eu.	
PASSÉ.			
agu eu, *agudo* eue.			

INDICATIF

PRÉSENT. — PARFAIT INDÉFINI.

		Temps simples		Temps composés	
S.	1.	*ai*	j'ai.	*ai agu*	j'ai eu.
	2.	*as*	tu as.	*as agu*	tu as eu.
	3.	*a*	il a.	*a agu*	il a eu.
P.	1.	*avèn*	nous avons.	*avèn agu*	nous avons eu.
	2.	*avès*	vous avez.	*avès agu*	vous avez eu.
	3.	*an.*	ils ont.	*an agu*	ils ont eu.

IMPARFAIT. — PLUS-QUE-PARFAIT.

Temps simples		Temps composés	
aviéu	j'avais.	*aviéu agu*	j'avais eu.
aviés	tu avais.	*aviés agu*	tu avais eu.
avié	il avait.	*avié agu*	il avait eu.
avian	nous avions.	*avian agu*	nous avions eu.
avias	vous aviez.	*avias agu*	vous aviez eu.
avien	ils avaient.	*avien agu*	ils avaient eu.

PARFAIT DÉFINI. — PARFAIT ANTÉRIEUR.

Temps simples		Temps composés	
aguère	j'eus.	*aguère agu*	j'eus eu.
aguères	tu eus.	*aguères agu*	tu eus eu.
aguè	il eut.	*aguè agu*	il eut eu.
aguerian	nous eûmes.	*aguerian agu*	nous eûmes eu.
aguerias	vous eûtes.	*aguerias agu*	vous eûtes eu.
aguèron	ils eurent.	*aguèron agu*	ils eurent eu.

FUTUR SIMPLE. — FUTUR ANTÉRIEUR.

Temps simples		Temps composés	
aurai	j'aurai.	*aurai agu*	j'aurai eu.
auras	tu auras.	*auras agu*	tu auras eu.
aura	il aura.	*aura agu*	il aura eu.
auren	nous aurons.	*auren agu*	nous aurons eu.
aurés	vous aurez.	*aurés agu*	vous aurez eu.
auran	ils auront.	*auran agu*	ils auront eu.

CONDITIONNEL

PRÉSENT OU FUTUR. — PARFAIT INDÉFINI. (*)

Temps simples		Temps composés	
auriéu	j'aurais.	*auriéu agu*	j'aurais eu.
auriés	tu aurais.	*auriés agu*	tu aurais eu.
aurié	il aurait.	*aurié agu*	il aurait eu.
aurian	nous aurions.	*aurian agu*	nous aurions eu.
aurias	vous auriez.	*aurias agu*	vous auriez eu.
aurien	ils auraient.	*aurien agu*	ils auraient eu.

IMPÉRATIF

PRÉSENT OU FUTUR. — FUTUR ANTÉRIEUR.

Temps simples		Temps composés	
agues	aie.	*agues agu*	aie eu.
aguen	ayons.	*aguen agu*	ayons eu.
agués	ayez. (**)	*agués agu*	ayez eu.

SUBJONCTIF

PRÉSENT OU FUTUR. — PARFAIT INDÉFINI. (***)

Temps simples		Temps composés	
qu'ague	que j'aie.	*qu'ague agu*	que j'aie eu.
qu'agues	que tu aies.	*qu'agues agu*	que tu aies eu.
qu'ague	qu'il ait.	*qu'ague agu*	qu'il ait eu.
qu'aguen	que nous ayons.	*qu'aguen agu*	que nous ayons eu.
qu'agués	que vous ayez.	*qu'agués agu*	que vous ayez eu.
qu'agon	qu'ils aient.	*qu'agon agu*	qu'ils aient eu.

IMPARFAIT. — PLUS-QUE-PARFAIT.

Temps simples		Temps composés	
q. *aguèsse*	q. j'eusse.	q. *aguèsse agu*	q. j'eusse eu.
q. *aguèsses*	q. tu eusses.	q. *aguèsses agu*	q. tu eusses eu.
q. *aguèsse*	qu'il eût.	q. *aguèsse agu*	qu'il eût eu.
q. *aguessian*	q. n. eussions.	q. *aguessian agu*	q. n. eussions eu.
q. *aguessias*	q. v. eussiez.	q. *aguessias agu*	q. v. eussiez eu.
q. *aguèsson*	qu'ils eussent.	q. *aguèsson agu*	qu'ils eussent eu.

(*) Deuxième forme du parfait indéfini, au conditionnel : *aguèsse agu, aguèsses agu, aguèsse agu, aguessian agu, aguessias agu, aguèsson agu.*

(**) Le provençal admet la 3ᵉ personne à l'impératif présent ou futur : *ague* qu'il ait, *agon* qu'ils aient ; futur antérieur : *ague agu* qu'il ait eu, *agon agu* qu'ils aient eu.

(***) Ou futur antérieur.

REMARQUES. I. Les terminaisons du verbe *avé* sont les mêmes pour tous les verbes dans les temps simples suivants : parfait défini, futur simple, présent du conditionnel, présent et imparfait du subjonctif.

II. Les terminaisons des deux premières personnes du pluriel au présent de l'indicatif *èn, ès* s'appliquent à tous les verbes en i ou en *e*; *teni* tenir, *tenèn* nous tenons, *tenès* vous tenez; *entèndre* entendre, *entendèn* nous entendons, *entendès* vous entendez.

III. Les terminaisons du participe présent et de l'imparfait du mode indicatif s'appliquent à tous les verbes dont l'infinitif est terminé par i ou *e*: *soufri* souffrir, *soufrènt* souffrant; *vèndre* vendre, *vendènt* vendant; *teniés* tu tenais, *vendien* ils vendaient ; les verbes en *a* ont le participe présent terminé par *ant*: *cala* céder, *calant* cédant.

MODES

INFINITIF

Temps simples		Temps composés	
PRÉSENT OU FUTUR.		**PARFAIT INDÉFINI.**	
èstre	être.	*èstre esta*	avoir été.

PARTICIPE

Temps simples		Temps composés	
PRÉSENT OU FUTUR.		**PARFAIT INDÉFINI.**	
estènt	étant.	*estènt esta*	ayant été.
PASSÉ.			
esta, estado	été.		

INDICATIF

Temps simples		Temps composés	
PRÉSENT.		**PARFAIT INDÉFINI.**	
S. 1. *siéu*	je suis.	*siéu esta*	j'ai été.
2. *sies*	tu es.	*sies esta*	tu as été.
3. *es, èi*	il, elle est.	*es esta*	il a été.
P. 1. *sian*	nous sommes.	*sian esta*	nous avons été.
2. *sias*	vous êtes.	*sias esta*	vous avez été.
3. *soun*	ils sont.	*soun esta*	ils ont été.
IMPARFAIT.		**PLUS-QUE-PARFAIT.**	
ère	j'étais.	*ère esta*	j'avais été.
ères	tu étais.	*ères esta*	tu avais été.
èro	il était.	*èro esta*	il avait été.
erian	nous étions.	*erian esta*	nous avions été.
erias	vous étiez.	*erias esta*	vous aviez été.
èron	ils étaient.	*èron esta*	ils avaient été.
PARFAIT DÉFINI.		**PARFAIT ANTÉRIEUR.**	
fuguère	je fus.	*fuguère esta*	j'eus été.
fuguères	tu fus.	*fuguères esta*	tu eus été.
fuguè	il fut.	*fuguè esta*	il eut été.
fuguerian	nous fûmes.	*fuguerian esta*	nous eûmes été
fuguerias	vous fûtes.	*fuguerias esta*	vous eûtes été.
fuguèron	ils furent.	*fuguèron esta*	ils eurent été.
FUTUR SIMPLE.		**FUTUR ANTÉRIEUR.**	
sarai	je serai.	*sarai esta*	j'aurai été.
saras	tu seras.	*saras esta*	tu auras été.
sara	il sera.	*sara esta*	il aura été.
saren	nous serons.	*saren esta*	nous aurons été.
sarés	vous serez.	*sarés esta*	vous aurez été.
saran	ils seront.	*saran esta*	ils auront été.

CONDITIONNEL

Temps simples		Temps composés	
PRÉSENT OU FUTUR.		**PARFAIT INDÉFINI. (*)**	
sariéu	je serais.	*sariéu esta*	j'aurais été.
sariés	tu serais.	*saries esta*	tu aurais été.
sarié	il serait.	*sarié esta*	il aurait été.
sarian	nous serions.	*sarian esta*	nous aurions été.
sarias	vous seriez.	*sarias esta*	vous auriez été.
sarien	ils seraient.	*sarien esta*	ils auraient été.

IMPÉRATIF

Temps simples		Temps composés	
PRÉSENT OU FUTUR. (**)		**FUTUR ANTÉRIEUR.**	
siegues	sois.	*siegues esta*	aie été.
siguen	soyons.	*siguen esta*	ayons été.
sigués	soyez.	*sigues esta*	ayez été.

SUBJONCTIF

Temps simples		Temps composés	
PRÉSENT OU FUTUR.		**PARFAIT INDÉFINI. (***)**	
que siegue	que je sois.	*que siegue esta*	que j'aie été.
que siegues	que tu sois.	*que siegues esta*	que tu aies été.
que siegue	qu'il soit.	*que siegue esta*	qu'il ait été.
que siguen	que nous soyons	*que siguen esta*	que nous ayons été
que sigués	que vous soyez.	*que sigués esta*	que vous ayez été.
que siegon	qu'ils soient.	*que siegon esta*	qu'ils aient été.
IMPARFAIT.		**PLUS-QUE-PARFAIT.**	
q. fuguèsse	q. je fusse.	*q. fuguèsse esta*	q. j'eusse été.
q. fuguèsses	q. tu fusses.	*q. fuguèsses esta*	q. tu eusses été.
q. fuguèsse	qu'il fût.	*q. fuguèsse esta*	qu'il eût été.
q. fuguessian	q. n. fussions.	*q. fuguessian esta*	q.n.eussions été
q. fuguessias	q. v. fussiez.	*q. fuguessias esta*	q.v. eussiez été.
q. fuguèsson	qu'ils fussent.	*q. fuguèsson esta*	qu'ils eusst. été.

(*) Deuxième forme du parfait indéfini, au conditionnel ; *Siguèsse esta, siguèsses esta, siguèsse esta, siguessian esta, siguessias esta, siguèsson esta* ou *fuguèsse, fuguèsses,* etc.

(**) Le provençal admet la 3e personne à l'impératif présent ou futur : *siegue* qu'il soit, *siegon* qu'ils soient ; futur antérieur : *siegue esta* qu'il ait été, *siegon esta* qu'ils aient été.

(***) Ou futur antérieur.

REMARQUES I. Au présent de l'indicatif, troisième personne du singulier, on emploie *es* devant les consonnes fortes comme *c, p, r, t* et *èi* dans les autres cas : *es court* il est court, *èi semoundu* il est offert.

II. Les terminaisons du présent de l'indicatif *es* (2e p. d. s.), *an* (1e p. d. pl.), *as* (2e p. d. pl.), *(oun) on* (3e p. d. pl.) sont les mêmes dans tous les verbes en *a* : *atala* atteler, *atales, atalan, atalas, atalon.*

Ès et *on* sont communes à tous les verbes : *vesti* vêtir, *vestissés vestisson.*

III Les terminaisons de l'imparfait du mode indicatif s'appliquent à tous les verbes en a : *seca* sécher, *secave, secaves, secavo. secavian, secavias, secavon.*

IV. On dit aussi au présent du Subjonctif : *que fugue, que fugues, que fugue, que fuguen, que fugués, que fugon,* à l'imparfait : *que siguèsse... que siguessian...* et au parfait défini de l'indicatif : *siguère... siguerian...*

MODES

INFINITIF

Temps simples.		Temps composés.	
PRÉSENT OU FUTUR.		**PARFAIT INDÉFINI.**	
rèndre	rendre.	*avé rendu, udo*	avoir rendu, ue

PARTICIPE

Temps simples.		Temps composés.	
PRÉSENT.		**PARFAIT INDÉFINI.**	
rendènt	rendant.	*avènt, aguènt rendu*	rendu, ayant rendu.
PASSÉ.			
rendu, udo	rendu, ue		

INDICATIF

PRÉSENT. / **PARFAIT-INDÉFINI.**

rènd e	je rends.		*ai rendu*	j'ai rendu.
rènd es	tu rends.		*as rendu*	tu as rendu.
rènd	il rend.		*a rendu*	il a rendu.
rend èn	nous rendons.		*avèn rendu*	nous avons rendu.
rend ès	vous rendez.		*avès rendu*	vous avez rendu.
rènd on	ils rendent.		*an rendu*	ils ont rendu.

IMPARFAIT. / **PLUS-QUE-PARFAIT.**

rend iéu	je rendais.	*aviéu rendu*	j'avais
rend iés	tu rendais.	*aviés rendu*	tu avais
rend ié	il rendait.	*avié rendu*	il avait
rend ian	nous rendions.	*avian rendu*	nous avions
rend ias	vous rendiez.	*avias rendu*	vous aviez
rend ien	ils rendaient.	*avien rendu*	ils avaient

(rendu.)

PARFAIT DÉFINI. / **PARFAIT ANTÉRIEUR.**

rendeguère	je rendis.	*aguère rendu*	j'eus
rendeguères	tu rendis.	*aguères rendu*	tu eus
rendegué	il rendit.	*agué rendu*	il eut
rendeguerian	n. rendîmes	*aguerian rendu*	nous eûmes
rendeguerias	v. rendîtes.	*aguerias rendu*	vous eûtes
rendeguéron	ils rendir.	*aguéron rendu*	ils eurent

(rendu.)

FUTUR SIMPLE. / **FUTUR ANTÉRIEUR.**

rendr ai	je rendrai.	*aurai rendu*	j'aurai
rendr as	tu rendras.	*auras rendu*	tu auras
rendr a	il rendra.	*aura rendu*	il aura
rendr en	nous rendons.	*auren rendu*	nous aurons
rendr és	vous rendrez.	*aurés rendu*	vous aurez
rendr an	ils rendront.	*auran rendu*	ils auront

(rendu.)

CONDITIONNEL

Temps simples.		Temps composés.	
PRÉSENT OU FUTUR.		**PARFAIT INDÉFINI. (*)**	
rendr iéu	je rendrais.	*auriéu rendu*	j'aurais
rendr iés	tu rendrais.	*auriés rendu*	tu aurais
rendr ié	il rendrait.	*aurié rendu*	il aurait
rendr ian	nous rendrions.	*aurian rendu*	nous aurions
rendr ias	vous rendriez.	*aurias rendu*	vous auriez
rendr ien	ils rendraient.	*aurien rendu*	ils auraient

(rendu.)

IMPÉRATIF

PRÉSENT OU FUTUR. (**)		**FUTUR ANTÉRIEUR.**	
rènd	rends.	*agues rendu*	aie rendu.
rend en	rendons.	*aguen rendu*	ayons rendu.
rend ès	rendez.	*agués rendu*	ayez rendu.

SUBJONCTIF

PRÉSENT OU FUTUR. / **PARFAIT INDÉFINI. (***)**

que rènde	que je rende.	*qu'ague rendu*	que j'aie
que rèndes	que tu rendes.	*qu'agues rendu*	que tu aies
que rènde	qu'il rende.	*qu'ague rendu*	qu'il ait
q. rendeguen	que nous rendions.	*qu'aguen rendu*	q. n. ayons
q. rendegués	que vous rendiez.	*qu'agués rendu*	q. v. ayez
que rèndon	qu'ils rendent.	*qu'agon rendu*	qu'ils aient

(rendu.)

IMPARFAIT. / **PLUS-QUE-PARFAIT.**

que rendeguèsse	q. je rendisse.	*qu'aguèsse*	que j'eusse
que rendeguèsses	q. tu rendiss.	*qu'aguèsses*	q. tu eusses
que rendeguèsse	qu'il rendît.	*qu'aguèsse*	qu'il eût
que rendeguessian	q. n. rendiss.	*qu'aguessian*	q. n. eussio.
que rendeguessias	q. v. rendiss.	*qu'aguessias*	q. v. eussiez
que rendeguèsson	qu'ils rendi.	*qu'aguèsson*	qu'ils euss.

(rendu rendu.)

(*) Deuxième forme du parfait indéfini, au conditionnel:
aguésse rendu, aguésses rendu, aguésse rendu, aguessian rendu, aguessias rendu, aguésson rendu.

(**) Le provençal admet la 3e personne à l'impératif présent ou futur:
rènde qu'il rende, *rèndon* qu'ils rendent; futur antérieur: *ague rendu* qu'il ait rendu, *agon rendu* qu'ils aient rendu.

(***) Ou futur antérieur.

REMARQUES. I. Tous les verbes attributifs se terminent par e à la 1e p. d. s. dans le présent de l'indicatif: *ama* aimer, *ame* j'aime. A la 3e p. d. s., les verbes en *a* se terminent par o: *trambla* trembler, *tramblo* il tremble ; les verbes en *i* et en *e* perdent la dernière syllabe du participe présent: *fini ssènt* finissant, *finis* il finit ; *vendènt* vendant, *vènd* il ven d.

(*batre agu*); les verbes en *a* et en *i* conservent la même terminaison au participe passé *cala* céder, *cala* cédé; *culi* cueillir, *culi* cueilli.

III. Presque tous les verbes en *i* forment le présent du subjonctif en ajoutant à l'infinitif les terminaisons *que, gues, gue, guen, gués, gon*: *que finigue, finigues, finigue, finiguen, finigués, finigon.*

4

FORMATION DES TEMPS

162. Il y a deux sortes de temps: les temps primitifs et les temps dérivés. Les temps primitifs servent à former les autres qu'on appelle temps dérivés.

On compte trois temps primitifs ; ce sont : le présent de l'infinitif, lé participe présent et le participe passé.

163. 1º Le présent de l'infinitif forme l'imparfait, le parfait défini, le futur simple de l'indicatif, le présent du conditionnel et le présent ainsi que l'imparfait du subjonctif, en y ajoutant les terminaisons du verbe avoir aux mêmes temps :

INDICATIF	IMPARFAIT.	*parti aviéu*	partir j'avais (j'avais à partir)	donne par contraction *partiéu*	je partais.
		parti avian	partir nous avions	» » *partian*	nous partions.
	PARFAIT DÉFINI.	*parti aguère*	partir j'eus	» » *partiguère*	je partis.
		parti aguerian	partir nous eûmes	» » *partiguerian*	nous partîmes.
	FUTUR SIMPLE.	*parti ai* (*)	partir j'ai	donne en conservant l'*r* de l'ancien verbe *partir* et la contraction aux deux premières personnes du pluriel. *partirai*	je partirai.
		parti avèn	partir nous avons	*partiren*	nous partirons.
	PRÉSENT DU CONDITIONNEL	*parti auriéu*	partir j'aurais	l'*r* est conservé et la contraction maintenue à toutes les personnes. *partiriéu*	je partirais.
		parti aurian	partir nous aurions	*partirian*	nous partirions.
SUBJONCTIF	PRÉSENT.	q. *parti ague*	que partir j'aie	donne par contraction q. *parte*	q. je parte.
		q. *parti aguen*	que partir nous ayons	» » q. *partiguen*	q. nous partions.
	IMPARFAIT.	q. *parti aguèsse*	que partir j'eusse	» » q. *partiguèsse*	q. je partisse.
		q. *parti aguessian*	que partir n. eussions	» » q. *partiguessian*	q. n. partissions.

(*) On trouve cette forme dans le latin du IV siècle; en parlant du royaume de Dieu, saint Augustin dit : VENIRE HABET, *veni a, vendra* il viendra. L'espagnol et le portugais l'ont conservée : *Te cantare, cantar te he* je te chanterai. L'ancien provençal séparait l'infinitif dn verbe *avoir* pour former le futur et le conditionnel : *Dir vos ai (dir à vous ai)* je vous dirai.

Remarques. l. Le présent de l'infinitif est toujours terminé par *a, i* ou *e;* il forme le participe présent par le changement de *a* en *ant*: *ama* aimer, *amant* aimant; de *i* en *ènt* ou *issènt*: *fini* finir, *finissènt* finissant; et de *e, re* en *ènt*: *fèndre* fendre, *fendènt* fendant.

II. Les principaux verbes en *i* qui font *ènt* sont : *dourmi* dormir, *dourmènt* dormant; *parti* partir, *senti* sentir, *servi* servir, *teni* tenir.

Le présent de l'infinitif forme encore le participe passé (1) par le même mot si le verbe est en *a, i*: *pantaia* rêver, *clafi* remplir, *clafi* rempli ou par l'auxiliaire *agu* joint à l'infinitif si le verbe est en *e*: *pougne* piquer, *pougnegu* *(pougne agu)* piqué.

2° Le participe présent sert à former le présent de l'indicatif:

ant se change en	*e: parlant,*	*parle,*	*ènt* en	*e: legissènt, legisse.*
	es	*parles,*		*es* *legisses.*
	o	*parlo,*		— *legis.*
	an	*parlan,*		*èn* *legissèn.*
	as	*parlas,*		*ès* *legissès.*
	on	*parlon,*		*on* *legisson.*

La troisième personne du singulier, dans les verbes dont le participe présent est *ènt*, se termine ordinairement par la dernière consonne du radical: *pretènd* (p. p. *pretendènt)* il prétend, *tèn (tenènt)* il tient, *benis (benissènt)* il bénit, *crèis (creissènt)* il croît. Les verbes en *re* à l'infinitif perdent l'*r: faire* faire, *fai* il fait ; *crèire* croire, *crèi* il croit.

Pour former l'impératif: 1° On prend la 3me personne du singulier de l'indicatif, au présent: *signo* signe,

---

(1) Selon quelques grammairiens le participe présent et le participe passé, pouvant exprimer tous les temps de la durée, ont une dénomination impropre. Ils seraient appelés plus exactement: le premier, participe actif et le second, participe passif.

agrandis agrandis, *tèn* tiens; on forme ainsi la 2ᵉ personne du singulier.

REMARQUE. Les verbes en *e* et quelques autres en *i* ont une deuxième forme à l'impératif, 2ᵉ pers. du sing.: *rènde* rends, *parle* pars ; le verbe *veni* n'a que cette 2ᵉ forme : *vène* viens.

2º Les 3ᵉˢ personnes de l'impératif sont toujours tirées du subjonctif, au présent: *vèngue* qu'il vienne, *passon* qu'ils passent ; dans ce cas le commandement ou la prière sont adressés indirectement.

3º On emploie la 1ᵉ personne du pluriel du subjonctif, au présent, pour tous les verbes : *enreguen* enrayons, *embelissen* embellissons.

4º On emploie la 2ᵉ personne du pluriel de l'indicatif, au présent : *cridas* criez, *fugissès* fuyez.

REMARQUES. I. Les verbes terminés à l'infinitif par *ça* ne conservent la cédille que devant *a* et *o* : *traçavian* nous traçions; *traçon* ils tracent.

II. Les verbes en *ela* doublent la consonne *l* quant l'accent tonique porte sur la pénultième: *apela* appeler, *apelle* j'appelle, *apello* il appelle.

III. Ceux en *ca* prennent un *u* euphonique avant l'*e* et changent le *c* en *q* : *embarca* embarquer, *embarquèn* nous embarquons.

Après le *g,* dans le même cas, on met aussi un *u* euphonique : *navega* naviguer, *naveguèn* nous naviguons.

3º Du participe passé, employé avec les auxiliaires *estre, avé,* on forme tous les temps composés :

ama, ado	aimé, ée.	*An ama*	ils ont aimé.
fini, ido	fini, ie.	*Aurien fini*	ils auraient fini.
rendu, udo	rendu, ue.	*Qu'aguessian rendu*	q. n. eussions rendu.

REMARQUES SUR LA FORMATION DES TEMPS.

164. Les terminaisons des verbes en provençal sont toujours régulières, excepté dans un très petit nombre de participes passés.

Les variantes du radical sont aussi très peu nombreuses.

Voici le tableau de ces modifications :

INFINITIF	PARTICIPE PRÉSENT	PASSÉ	INDICATIF PRÉSENT	IMPARFAIT
Verbe en a.				
Ana aller,	»	»	*vau* je vais, *vas* tu vas, *vai* il va » » *van* ils vont.	»
Verbes en i.				
Dourmi dormir, 1	»	»	*dorme* je dors, *dormes* tu dors, *dor* il dort, » » *dormon* ils dorment.	»
Teni tenir,	»	»	*tène* je tiens, *tènes*, *tèn*, *tenèn*, *tenès*, *tènon*.	»
Veni venir,	»	»	*vène* je viens, *vènes*...	»
Verbes en é, e.				
Falé falloir,	»	*faugu.* 2	»	».
Poudé pouvoir,	»	*pouscu.*	*pode, pos, pòu,* » » *podon.*	»
Valé valoir,		*vaugu.*	» » *vau.* » » »	»
Voulé, vougué vouloir,		*vougu.*	*vole, vos, vòu,,* » » *volon.*	»
Sabé, saupre savoir,	*sachènt, sabènt.*	*sachu.*	*sabe, sabes, saup, sabèn, sabès, sabon.*	*sabiéu* etc.
Crèire croire,	*cresènt.*	*cresegu.*	*crese, creses, crèi cresèn, cresès, creson.*	*cresiéu*...
Fouire piocher,	*fousènt.*	*fos, fou-segu.*	*fose, foses, foui, fousèn, fousès, foson.*	*fousiéu*...
Vèire voir,	*vesènt.*	*vist*	*vese, veses, vèi, vesèn, vesès, veson,*	*vesiéu*, etc.
Dire dire,	*disènt.*	*di.*	*dise, dises, dis, disèn, disès, dison.*	*disiéu*, etc.
Rire rire,	*risènt.*	*ris.*	*rise, rises, ris, risèn, risès, rison.*	*risiéu*, etc.
Couire cuire,	*cousènt.*	*cue, cou-segu.*	*cose, coses, coui, cousèn, cousès, coson.*	*cousiéu*...
Prendre, 3	*prenènt.*	*pres.*	*prene, prenes, pren, prenèn, prenès, prenon*	*prenidu*...

Le signe « indique les formes régulières et le signe — celles qui manquent à la conjugaison.

(1) *Mouri,* mourir, *oufri* offrir, *sourti* sortir, comme *dourmi* perdent l'*u* du radical au présent de l'indicatif et du subjonctif.

PARFAIT DÉFINI	FUTUR SIM.	CONDITIONN. PRÉSENT	SUBJONCTIF PRÉSENT	IMPARFAIT
Verbe en a.				
anère...	*anarai*...	*anariéu*..	*qu'ane* ou *que va-gue, vagues, va-gue, — — vagon.*	*qu'anèsse.*
Verbes en i.				
»	»	»	*que dorme, dormes, dorme, dourmi-guen* ou *dourmen, dourmigués* ou *dourmés, dormon*	»
tenguère...	*tendrai* ..	*tendriéu.*	*que tèngue*...	*que tenguèsse.*
venguère...	*vendrai*..	*vendriéu.*	*que vèngue*...	*que venguèsse.*
Verbes en é, e.				
faugué...	*faudra*..	*faudrié*..	*que faugue*...	*que fauguèsse*
pousquère.	*poudrai*..	*poudriéu*	*que posque*... *que pousquen*...	*q. pousquèsse.*
vauguère.	*vaudrai*.	*vaudriéu.*	*que vaugue*...	*q. vauguèsse.*
vouguère...	*voudrai*..	*voudriéu*	*que vogue*... *que vouguen*...	*q. vouguèsse..*
sachère.	*sauprai*..	*saupriéu.*	*que sache* ou *saupe.*	*que sachèsse* ou *saupe-guèsse...*
creiguère ou *cre-seguère*...	»	»	*que creigue*...	*que creiguèsse* ou *crese-guèsse...*
fouseguère...	*fouirai* ..	*fouiriéu.*	*que fose*...	*q. fouseguèsse.*
veguère...	»	»	*que vegue*...	*que veguèsse..*
diguère...	»	»	*que digue*...	*que diguèsse..*
riguère...	»	»	*que rigue*...	*que riguèsse..*
couseguère...	*couirai*...	*couiriéu.*	*que cose*... *que couseguen*...	*q. couseguèsse.*
prenguère...	»	»	*que prengue*...	*q. prenguèsse.*

(2) *Faugu, pouscu,* etc, sont mis pour *falé agu* (falloir eu), *poudé agu* (pouvoir eu), etc; ces cinq verbes sont les seuls terminés par un *é* fermé à l'infinitif.

(3) On conjugue de même *aprendre* ou *aprene, coumprendre* et tous les composés de *prendre.*

INFINITIF.	PARTICIPE.		INDICATIF.		PARFAIT DÉFI.	FUTUR SIMPLE	CONDITIONNEL.	SUBJONCTIF.	
	PRÉSENT.	PASSÉ.	PRÉSENT.	IMPARFAIT.			PRÉSENT.	PRÉSENT.	IMPARFAIT.
Adurre apporter.	*adusènt.*	*adu.*	*aduse,* etc.	*adusiéu,* etc.	*aduguère...*	»	»	*qu'adugue.....*	*qu'aduguèsse...*
Clauré clore.	*clausènt.*	*claus.*	*clause,* etc.	*clausiéu,* etc.	*clauseguère.*	*clausirai...*	*clausiriéu...*	*que claugue...*	*q. clauseguèsse.*
Faire faire.	*fasènt.*	*fa.*	*fau, fas, fai, fasèn, fasès, fan.*	*fasiéu,* etc.	*faguère...*	*farai...*	*fariéu...*	*que fague...*	*que faguèsse...*
Plaire plaire.	*plasènt.*	*plasegu.*	*plaise, plaises, plais*	*plasiéu,* etc.	*plaseguère...*	»	»	*que plague...*	*que plaguèsse..*
Absòudre absoudre.	*absóuvènt*	*absòut.*	*absòuve, absòuves, absòu, absóuvèn.*	*absóuviéu...*	*absòuguère..*	»	»	*qu'absòugue..*	*q. absòuguèsse.*
Béure boire.	*bevènt.*	*begu.*	*beve, beves, béu,* etc.	*beviéu,* etc.	*beguère...*	»	»	*que begue...*	*que beguèsse.*
Escriéure écrire.	*escrivènt*	*escri.*	*escrive, escrives, escriéu,* etc.	*escriviéu...*	*escriguère...*	»	»-	*qu'escrigue...*	*qu'escriguèsse..*
Viéure vivre.	*vivènt.*	*viscu.*	*vive, vives, viéu,* etc.	*viviéu,* etc.	*visquère...*	»	»	*que visque...*	*que visquèsse..*
Plòure pleuvoir.	*plouvènt.*	*plóugu.*	*plòu.*	*plouvié.*	*plouguè...*	*plóura...*	*plóurié...*	*que plòugue.*	*que plouguèsse*
Mòure mouvoir.	*mouvènt.*	*móugu.*	*move, moves, mòu...*	*mouviéu,* etc.	*mouguère...*	*móurai...*	*móuriéu...*	*que move...*	*que mouguèsse.*
Mòurre moudre,	*moulènt.*	*móugu.*	*mole, moles, mòu, moulèn, moulès, molon.*	*mouliéu...*	*mouguère...*	*móurrai...*	*móurriéu...*	*que mole...*	*que mouguèsse.*
Naisse naître.	*neissènt.*	*nascu.*	*naisse, naisses, nais, neissèn,* etc.	*neissiéu,* etc.	*neisseguè...*	*neissirai...*	*neissiriéu...*	»	*q. neisseguèsse.*
Paisse paître.	*peissènt.*	*pascu.*	*paisse, paisses, pais,* etc.	*peissiéu,* etc.	*peisseguè...*	*peissirai...*	*peissiriéu...*	»	*q. peisseguèsse.*
Counéisse connaître.	*couneissènt.*	*couneigu.*	*counèisse, counèisses, counéis,* etc.	*couneissiéu...*	*couneiguè...*	*couneirai* ou *couneissirai.*	*counciriéu* ou *couneissiriéu*	*q. couneigue.*	*q. couneiguèsse.*
Mòuse ou *mouse* traire.	*mousènt.*	*mousegu.*	*mouse, mouses, mous*	*mousiéu,* etc.	»	*mousirai...*	*mousiriéu...*	»	»
Metre mettre.	»	*mes.*	»	»	»	»	»	»	»
Vincre ou *venci* vaincre.	*vencissènt*	*venci.*	*vencisse, vencisses, vencis,* etc.	*vencissiéu.*	*venciguère..*	*vencirai...*	*venciriéu...*	*que vencigue.*	*q. venciguèsse.*

VERBES ATTRIBUTIFS.

165. Les verbes attributifs sont divisés en verbes transitifs et intransitifs.

166. On appelle verbe transitif celui qui exprime une action reçue directement par un objet.

VERBES TRANSITIFS.

167. Il y a trois formes ou voix dans les verbes transitifs : la voix active pour les verbes actifs, la voix pronominale pour les verbes réfléchis ou pronominaux et la voix passive pour les verbes passifs.

Verbe actif.

168. Le verbe actif est celui qui exprime une action reçue par un complément direct : *Lou païsan nourris lou mounde* le paysan nourrit le monde.

Ce verbe suit la conjugaison modèle du verbe attributif *rèndre*.

Verbe réfléchi.

169. Le verbe réfléchi est celui qui exprime une action faite par un sujet qui la reçoit :

Andreloun s'es teisa le petit André s'est tu.

170. On appelle ces verbes pronominaux parce qu'ils ont toujours un pronom pour complément. Ce pronom est placé avant le verbe.

Les verbes réfléchis se conjuguent avec l'auxiliaire être dans leurs temps composés :

Se repenti se repentir.
Me siéu repenti je me suis repenti, *nous sian repenti* nous nous sommes repentis.
Que se fuguèsse repenti qu'il se fût repenti, *que nous fuguessian repenti* que nous nous fussions repentis.

171. On dit que le verbe est essentiellement réfléchi quand il ne peut être conjugué avec un autre forme, comme *s'enourguï* s'enorgueillir.

Un verbe accidentellement réfléchi peut se conjuguer avec une autre forme, comme *s'embarra* s'enfermer, *embarra lou fèn* enfermer le foin.

172. On distingue aussi les verbes réciproques, dans lesquels l'action exprimée par le verbe se porte du premier sujet sur le second et du second sur le premier :

Pèire e Jóusè s'amon coume dous fraire Pierre et Joseph s'aiment comme deux frères.

Verbe passif.

Le verbe passif est celui qui exprime une action reçue ou soufferte par le sujet.

Li flour soun passido pèr la caumo les fleurs sont flétries par la chaleur accablante.

Remarque. L'action est faite par un complément du verbe ; ce complément peut être employé comme sujet du même verbe qui reprend alors la voix active.

La caumo passis li flour.

173. Les verbes passifs se conjuguent en plaçant le participe passé après chacune des personnes du verbe auxiliaire *èstre* :

Estre perdouna être pardonné.

Es perdouna il est pardonné, *èis esta perdouna* il a été pardonné.

Saras perdouna tu seras pardonné, *que siegues esta perdouna* que tu aies été pardonné.

VERBES INTRANSITIFS.

174. Les verbes intransitifs sont ceux dont l'action ne se porte sur aucun objet.

On les divise en verbes neutres et verbes impersonnels.

Verbe neutre.

175. Le verbe neutre est celui qui n'a point de complément direct :

Lou jour crèis le jour croît.

REMARQUE. Certains verbes neutres peuvent avoir quelquefois un complément direct :

Parlo il parle, *parlo bèn sa lengo* il parle bien sa langue.

Il y aurait donc des verbes essentiellement et accidentellement neutres.

Les verbes intransitifs suivent généralement la conjugaison modèle des verbes attributifs, en prenant l'auxiliaire *avé*, comme *camina, dourmi, pati, courre, vièure* : *an pati* ils ont souffert, *avèn courregu* nous avons couru.

Quelques autres sont conjugués avec l'auxiliaire *èstre* comme *ana, arriva, mouri, espeli, naisse, parti, veni* : *soun espeli* ils sont éclos, *saran partido* elles seront parties.

Verbe impersonnel ou unipersonnel.

176. Le verbe impersonnel est celui qui ne désigne que d'une manière vague la personne ou la chose dont on exprime l'existence ou l'action :

Trono il tonne, *grelavo* il grêlait.

Remarque. On l'appelle aussi unipersonnel parce qu'il n¹
s'emploie qu'à la troisième personne du singulier de chaque
temps.

CONJUGAISON INTERROGATIVE.

177. Les verbes provençaux n'ayant pas de pronoms
sujets, restent les mêmes quand ils deviennent interro-
gatifs:

Vènes? viens-tu? *sourtiran?* sortiront-ils?

CONJUGAISON AVEC LA FORME NÉGATIVE.

178. On exprime la négation au moyen des mots *ges* et
pas placés après le verbe ou l'auxiliaire :

Vole pas je ne veux pas, *an ges de pan* ils n'ont point
de pain, *jougaran pas* ils ne joueront pas, *as ges agu de
blad,* tu n'as pas eu de blé.

Remarque. Pour conjuguer l'impératif avec la négation
on emploie la deuxième personne du singulier du présent
de l'indicatif au lieu de la troisième:

Passes pas ne passes pas, *passo* passe.

LOCUTION VERBALE.

179. On appelle locution verbale une réunion de mots
qui remplissent la fonction de verbe : *faire gau* réjouir,
faire lingueto faire envie, *manda souna* envoyer appeler.

DE L'ADVERBE

DE L'ADVERBE

ADVERBES.
- De temps.
- De lieu.
- De manière.
- De quantité.
- D'ordre.
- D'affirmation.
- De doute.
- De négation.
- De ressemblance.
- De différence.
- D'union.
- De comparaison.
  - Egalité.
  - Infériorité.
  - Supériorité.

FORMATION.

LOCUTION ADVERBIALE.

MOTS INVARIABLES

CHAPITRE V

DE L'ADVERBE

180. L'adverbe est un mot que l'on ajoute au verbe à l'adjectif ou à un adverbe pour le modifier:
Lucha gaiardament lutter fortement; *èi bèn sage* il est très sage; *èi bèn proun puni* il est assez puni.

REMARQUE. L'adverbe ayant une fonction analogue à celle de l'adjectif qualificatif est en quelque sorte l'adjectif du verbe.

D'après les différentes modifications, on distingue les adverbes de temps, de lieu, de manière, de quantité, d'ordre, d'affirmation, de doute, de négation, de ressemblance, d'union, de différence ou de séparation et de comparaison.

181. Voici ces principaux adverbes:

TEMPS.

Adeja, deja déjà.
Adès naguère.
Alor alors.
Antan jadis.
Deman demain.
Desenant, désormais.
Entanterin, enterin, entremen pendant ce temps.

Ièr, aièr hier.
Jamai jamais.
Lèu tôt.
Perfés parfois.
Quand, quouro quand.
Quatecant aussitôt.
Quouro (queto ouro) quand.
Sèmpre toujours.

Souvènt souvent.
Subran, subre soudain.
Subit tout à coup.
Tantost tantôt.

Tard tard.
Toujour toujours.
Vuci, iuei, encuei aujourd'hui.

LIEU.

Alentour alentour.
Alîn, eilalin là-bas, au loin.
Amount, amoundaut là-haut.
   (On peut ainsi ajouter *aut* aux trois suivants.)
Aperamount là-haut.
Apereiçamount par ici en haut.
Apereilamount par là en haut.
Apereiçabas, apereiçavau par ici en bas.
Apereilabas, apereilavau par là en bas.
Apereilalin par là-bas au loin.
Aqui, aquito là.
Aut haut.
Bas bas.
Darrié derrière.
Davans devant.
Dedins dedans.
Deforo dehors.

Dessouto dessous.
Dessus, dessubrè dessus.
Eiça de çà, de ce côté-ci.
Eici, eicito ici.
Eila de là, de ce côté-là.
Eiçamount, eiçamoundaut ici en haut.
Eilamount, eilamoundaut là en haut.
Eiçabas, eiçavau ici en bas.
Eilabas, eilavau là en bas.
Foro hors.
Ié (aqui) y.
Liuen loin.
N'en (d'aqui) en.
Ounte, mounté où.
Pertout partout.
Près près.
Proche proche.

MANIÈRE.

Autambèn, tambèn aussi bien.
Bèn bien.
Coume comment.
Mau mal.
Talamen tellement.

Vite vite, *vitamen* vitement.
Voulountié volontiers.

   Parmi ces adverbes se trouvent ceux qui sont formés d'un adjectif et de la terminaison *men*.

QUANTITÉ.

Autant autant.
Bèu-cop beaucoup.
Encaro encore.
Entieramen entièrement.
Environ environ.
Forço très, beaucoup.
Gaire guère.
Mai plus, davantage.
Majamen principalement.

Mens moins.
Pau peu.
Plus plus.
Proun assez.
Quasimen, quàsi presque.
Quant combien.
Soulamen seulement.
Tant tant.
Trop trop.

ORDRE.

Avans avant.
Après après.
Darrieramen dernièrement.
Pièi puis.

Premieramen premièrement.
Segoundamen deuxièmement.
Tresencamen, etc ; troisième-
ment, etc.

AFFIRMATION.

Certanamen certainement.
Certo certes.
O, vo oui.

Segur sûrement.
Si oui.

DOUTE.

Belèu peut-être.

Bessai peut-être.

NÉGATION.

Gens, ges point.
Nulamen nullement.

Pas pas.

RESSEMBLANCE.

Atout aussi, de même.
Ansin ainsi.

Aussi aussi.

UNION.

Ensèn ensemble.

DIFFÉRENCE.

Autramen autrement.

Diferentamen différemment.

COMPARAISON.

Autant autant.
Mai plus.
Mens moins.

Mies mieux.
Pulèu plutôt.

REMARQUE. Les adverbes *coume, perqué, quouro* et *quant*
servent à interroger.

DEGRÉS DE SIGNIFICATION.

182. Les adverbes de manière et de quantité ont, comme
les adjectifs qualificatifs, trois degrés de signification :

POSITIF.		COMPARATIF.	
Douçamen doucement.		D'égalité	*Autant douçamen.*
		D'infériorité	*Mens* »
		De supériorité	*Mai* »

REMARQUE. *plus* s'écrit aussi *pu* devant un adjectif commençant par une consonne: *li pu tèndre* les plus tendres ; et *pus* devant une voyelle : *li pus urous* les plus heureux.

183. Les adverbes suivants forment ces trois degrés d'une autre manière :

POSITIF.	COMPARATIF.	SUPERLATIF.
Bèn bien.	*Mies* mieux.	*Lou mies* le mieux.
Mau mal.	*Pire, pu mau* pis, plus mal.	*Lou pire* le pire.
Forço, bèu-cop beaucoup.	*Mai* plus, davantage.	*Lou mai* le plus.
Pau peu.	*Mens* moins.	*Lou mens* le moins.

FORMATION DES ADVERBES EN *MEN*.

184. On forme les adverbes en *men* par l'addition de cette terminaison au féminin des adjectifs qualificatifs dans lesquels l'*o* final est remplacé par un *a* :

Poulido jolie, *poulidamen* joliment.

REMARQUE. La terminaison *men* a été tirée d'un mot latin *mens, mente* qui signifie esprit, manière, façon, forme :

Francamen,	d'une manière franche.
Bruscamen,	d'une façon brusque.
Carramen,	d'une forme carrée.

LOCUTION ADVERBIALE.

185. On appelle locution adverbiale plusieurs mots réunis pour remplir la fonction de l'adverbe.

Voici les principales locutions adverbiales:

A brand en branle.	*A gràtis* gratuitement.
A cha dès..., vint..., cènt... par dix ou dizaine, etc.	*A jabo* à verse.
A bèl èime à profusion.	*A la fin* à la fin.
A coustat à côté.	*A la lèsto* vivement.
A-de-rèng par rang.	*A la longo* par la suite.
	A la revèsso à la renverse.

A la un, à la dous... en un, en deux coups, etc.
A leva moins.
A l'endavans au-devant.
A l'escandau avec mesure.
A mita à moitié.
A-niue à la nuit.
Au contro à l'opposé.
Au mai, au mens plus, moins.
Aqui-dedins, aqui-dintre là-dedans.
Aqui-deforo là-dehors.
Aqui-contro là-contre.
A tort o à resoun a tort ou à raison,
A tèms o à tard tôt ou tard.
A touto zurto désordonnément.
Autro-fes
Autri-fes } autrefois.
Autre-tèms
Avans-ièr avant-hier.
Bèn-lèu, bientôt;
Bèn mai bien plus.
Bèn talamen tellement.
Cauto-cauto secrètement.
Desempièi { quouro ou quand, } depuis quand.
Despièi
D'abouchoun la face contre terre
D'abord d'abord.
D'à-pauto à pattes.
D'aploumb d'aplomb.
D'aqui-aqui rapidement.
D'aro-en-avans , d'aro-en-la dorénavant.
D'aut en haut.
De-bado en vain.
De-biais du bon côté.
De-bas en bas.
De-caire de côté.
De-cantèu obliquement.
De-coucha en étant couché.
De-coucho à la hâte.
De-countùnio continuellement.
De-coustat de côté.
De-dre en étant droit.

De cop què i'a, de fes què i'a quelquefois.
De-fes parfois.
De-frès fraîchement.
De-jour le jour.
De-leva en étant levé.
De-long le long.
De-longo sans cesse.
De-mai de plus.
De-matin ce matin
De-mens de moins.
De-mourre-bourdoun la tête première.
De-niue la nuit.
De-nòu nouvellement.
De bono ouro de bonne heure.
D'ouro à l'heure.
De-revès au rebours.
De-rebaloun, de-rebaleto en rampant.
Dóu mai... dóu mai plus... plus.
Dóu mai... dóu mens... ou *dóu pu pau* plus... moins.
D'en-premié en premier lieu.
Dóu-tant-lèu un peu plus.
Dóu tèms pendant ce temps.
Eila-dedins là dedans.
Eila-deforo là dehors.
Entre-tèms dans l'intervalle.
Enfin enfin.
En-liò nulle part.
En-liò mai nulle part autre.
En-plen en plein.
Lèu-lèu vite, vite.
Long-tèms, longo-mai longtemps.
Lou mai le plus.
Lou mens le moins.
Lou mies le mieux.
Lou pire le pire.
Mai-que-mai excessivement.
N'en vos, n'en vequi à volonté.
Pan-pèr-pan exactement.
Pau-à-pau, pau-à-cha-pau, peu à peu.
Pu-lèu plutôt.
Que (ne que).

Que-mai de plus en plus.
Que-noun-sai tant... que je ne sais l'exprimer, indiciblement.
Riboun-ribagno bon gré, mal gré.
Sèns doute sans doute.
Souvènti-fes souvent.
Sus-lou-cop sur le champ.
Tant-lèu aussitôt.
Tant-mies tant mieux.
Tant-pis tant pis.
Tourna-mai de nouveau.
Tout-aro tout à l'heure.

Tout-au-mai tout au plus.
Tout-de-bon tout de bon.
Tout-escas il y a quelques instants.
Tout-en-un-cop, tout-en-un-tèms tout à coup.
Tout-d'un-cop, tout-d'un-tèms tout d'un coup.
Tout-just, tout-bèu-just tout juste.
Tous-tèms en tous les temps.

DE LA PRÉPOSITION

DE LA PRÉPOSITION

PRÉPOSITIONS.
De cause.
De temps.
De lieu.
De manière.
De but.
D'origine.
De possession.
D'union.
De séparation.
D'opposition.
D'ordre.
De moyen.

LOCUTION PRÉPOSITIVE.

CHAPITRE VI

DE LA PRÉPOSITION

186. La préposition est un mot qui unit deux termes en marquant le rapport qu'ils expriment :

Lou pèis viéu dins l'aigo le poisson vit dans l'eau.

Lou reinard es sourti de sa cauno le renard est sorti de sa tanière.

L'autouno vèn après l'estiéu l'automne vient après l'été. *Dins* marque le rapport de lieu ; *de*, celui de l'éloignement et *après*, celui de l'ordre ou du temps.

187. Voici les principaux rapports qu'expriment les prépositions :

1° Cause.　　　Ex.: *Parton pèr ordre dóu Menistre* ils partent par ordre du Ministre.

2° Temps.　　　» *An basti aquéu pont dins tres ans* on a bâti ce pont dans trois ans.

3° Lieu.　　　» *Sian à la Font-de-Vau-cluso* nous sommes à la Fontaine-de-Vaucluse.

4° But.　　　» *Se soun arma pèr defèndre la patrìo* ils se sont armés pour défendre la patrie.

5° Manière.　　　» *Canto emé goust* il chante avec goût.

6° Moyen.　　　» *A gagna la bataio pèr sa valènço* il a gagné la bataille par sa vaillance.

7° Ordre.　　　» *Eis après lou capoulié* il est après le chef.

8° Origine.　　　» *Ei de méu de Narbouno* c'est du miel de Narbonne.

9° Possession.　　　» *Outis de noste fabre* outil de notre serrurier.

10° Union,　　　» *Demoro emé sa famiho* il demeure avec sa famille.

11° Séparation.　　　» *Partiguè sènso sigènt* il partit sans ses parents

12° Opposition.　　　» *Parles jamai contro ta pensado* ne parle jamais contre ta pensée.

REMARQUE. Une même préposition peut servir à l'expression de différents rapports :

Figo d'Antibo (origine) figue d'Antibes, *libre de l'es-*

coulan livre de l'écolier (possession), *arrivo de l'armado* il arrive de l'armée (séparation).

188. Voici les principales prépositions :

A à.	*Dessout* *Dessoubre* } sous.	*Permiéi* parmi.
Après après.		*Près, proche, toucant* près, proche.
Avans avant.	*Dessus.* *Dessubre* } sur	*Segound, selon* selon
Contro contre.		*Senso* sans.
Davans devant.	*Durant* durant.	*Souto, sout* sous.
Darrié derrière.	*Emé* avec.	*Subre, sus, su* sur.
Dins *Dintre* } dans.	*En* en.	*Tras* par de là.
De de.	*Entre* dès.	*Vers* vers.
Desempiéi *Despiéi* } depuis.	*Foro* hors.	
	Mau-grat malgré.	
	Pèr par, pour.	

REMARQUE. Lorsqu'une préposition est employée sans être suivie d'un nom, elle devient adverbe :

Liuen de Paris (préposition) loin de Paris ; *Paris èi liuen* (adverbe) Paris est loin.

LOCUTION PRÉPOSITIVE.

189. On appelle locution prépositive une réunion de mots remplissant le rôle de la préposition.

190. Voici les principales locutions prépositives :

A causo, en causo de à cause de.	*Eila de vers* là vers.
A coustat de à côté de.	*Encò de* chez.
Afin de, pèr afin de afin de.	*En-dedins de* au dedans de.
A force de à force de.	*En-deforo de* au dehors.
A l'endavans de au devant de.	*En-dessus de* au-dessus de.
A l'entour de autour de.	*En-dessout de* au-dessous de.
A prepaus de à propos de.	*En mau despié de* en grand dépit de.
A respèt de en comparaison de.	
Au travès de au travers de.	*En fàci de* en face de.
De vers vers.	*Enjusqu'à, fin de, fin que à, fin que de, jusquo vers* jusqu'à.
De-la-man-d'eiça de de ce côté-ci de.	*Pèr-dessus de* pardessus de.
De-la-man-d'eila de de ce côté-là de.	*Pèr-dessouto de* par-dessous de.
De-long de le long de.	*Pèr quant à* quant à.
Detras derrière, en arrière.	*Tout-de-long de* tout le long de.
Eiça de vers ici vers.	*Vis-à-vis de* vis-à-vis de.

REMARQUE. La plupart de ces locutions prépositives deviennent adverbiales par la suppression de la préposition *de*.

DE LA CONJONCTION

DE LA CONJONCTION

Conjonctions.
   De **Coordination** entre les propositions verbales.

        Causale.
        Illative.
        Additionnelle ou copulative.
        Disjonctive ou alternative.
        Adversative.

   De **subordination** entre la proposition verbale et les propositions substantives et adverbiales.

Locution conjonctive.

CHAPITRE VII

DE LA CONJONCTION

191. La conjonction est un mot qui marque le rapport des propositions en les unissant :

A fali mai se n'en repentis il a failli mais il s'en repent.

REMARQUE. La conjonction diffère de la préposition en ce que celle-ci unit les mots entre eux; tandis que celle-là unit les propositions.

192. Les conjonctions se divisent en deux parties :

1º Celles qui unissent les propositions principales (verbales); elles marquent les rapports de cause, de conséquence, d'addition, de disjonction et d'opposition.

2º Celles qui unissent les propositions subordonnées (substantives et adverbiales) à la proposition principale ou verbale.

CONJONCTIONS UNISSANT
DES PROPOSITIONS VERBALES (PRINCIPALES).

Causales.

193 1º Les conjonctions causales sont celles qui marquent un rapport de cause entre deux propositions :

Amen lou paure, car ci l'enfant de Diéu, aimons le pauvre, car il est l'enfant de Dieu.

Illatives.

194. 5º Les illatives marquent un rapport de conséquence :

Pènse adounc eisiste, je pense donc j'existe.

Additionnelles.

195. 2º Les additionnelles ou copulatives marquent un rapport d'addition, de participation entre deux propositions :

L'eigagno toumbo e la flour espandis soun calice
la rosée tombe et la fleur épanouit son calice.

Alternatives ou Disjonctives.

196. 3º Les alternatives ou disjonctives marquent le rapport d'une exclusion qui peut tomber sur la première ou la seconde proposition.

Parlo bèn o taiso-te parle bien ou tais-toi.

Adversatives.

Les adversatives marquent un rapport d'opposition, d'exclusion absolue :

Triounflen o mouren triomphons ou mourons.

197. Voici les principales conjonctions des propositions verbales.

CAUSALES.	ILLATIVES.
Car, que car.	*Adounc, aladounc, dounc* donc.
Piéi-que puisque.	*Aussi* aussi.
	Ansin ainsi.
	Or or.

ADDITIONNELLES.	ALTERNATIVES.	ADVERSATIVES.
E et.	*O* ou.	*Emai* bien que, quoique
Emai et (de plus).	*Autramen* autrement.	*Mai* mais.
Ni ni.		*Pamens* cependant.

REMARQUE. I. Tous ces mots sont des conjonctions de coordination.

II. *Autramen, aussi, ansin* deviennent conjonctions quand ils se rapportent à deux propositions pour les unir.

III. Une même conjonction peut être employée pour marquer des rapports différents.

CONJONCTIONS
unissant des propositions substantives et adverbiales
(subordonnées) aux propositions verbales.

198. La conjonction de subordination est celle qui unit une dépendante à la proposition dont elle dépend.

199. Parmi ces conjonctions *que* est la plus fréquemment employée; elle unit les propositions substantives aux verbales.

Les autres conjonctions servent à marquer des circonstances de temps: *quand* quand, de manière: *coume* comme, de condition: *se* si.

Que précédé de la préposition ou de l'adverbe sert aussi à marquer des circonstances de but: *pèr que* pour que, de quantité: *tant que* tant que, de moyen; *em'acò que* avec cela que, de séparation: *sènso que* sans que.

LOCUTION CONJONCTIVE.

200. On appelle locution conjonctive une réunion de mots qui remplissent la fonction de conjonction.

201. Voici les principales locutions conjonctives :

DE COORDINATION.

Au countràri au contraire.
Au mens au moins.
Au rèsto au reste.
Aussi mai mais aussi.
Bèn mai bien plus.
Dóu mens du moins.

En efèt en effet.
O bèn ou bien.
Pèr counsequènt par conséquent.
Noun-soulamen non-seulement.
Tambèn aussi bien.

DE SUBORDINATION.

A mens que à moins que.
Après que après que.
Avans, davans que avant que.
Bèn que bien que.
Coume que de quelque manière que.
D'abord que puisque.
De maniero que de manière que.

De crento que de crainte que.
De sorto que de sorte que.
Dóu tèms que pendant le temps que.
Emai que bien que, pourvu que.
Enjusquo que jusqu'à ce jour.
Entre que, tre que dès que.
Pèr-ço-que parce que.

Pèr fin que, pèr afin que afin que.
Pèr pau que pour peu que.
Pèr que pour que.
Quant que pour tant que.

Quouro que à quelque moment que.
Se noun si non.
Sènso que sans que.
Talamen que tellement que.

DE L'INTERJECTION

DE L'INTERJECTION

INTERJECTIONS.
{ De joie.
De douleur.
De crainte.
D'admiration ou surprise.
D'approbation.
D'aversion.
D'encouragement.
D'appel.
De silence.
D'arrêt. }

ONOMATOPÉES.
{ De bruit.
De mouvement.
De cri. }

LOCUTION INTERJECTIVE.

CHAPITRE VIII

DE L'INTERJECTION

202. L'interjection est un mot que l'on emploie pour exprimer de vifs sentiments :

Ah! sies aqui? Ah ! tu es là ?

203. Voici les principales interjections :

De joie :	*Ah ! eh !*
De gaîté, d'ironie :	*Ha ! ho !*
De désir :	*Basto !*
De douleur :	*Ah ! ai ! houi !*
De crainte :	*Ha ! he ! ho !*
De compassion :	*Pecaire !*
D'admiration, de sur-prise :	*Ah ! boudiéu ! càspi ! caspitello ! hoi ! houi ! hòu ! oh ! macastin ! tè !*
D'approbation :	*Ato ! eto ! osco !*
D'aversion :	*Aisso ! bèh ! chèi ! hui ! i ! isso ! mala-diciéure ! malavalisco ! pòu ! puai !*
D'encouragement :	*Alerto ! an ! auto ! d'aut ! isso ! zóu !*
D'excitation pour les animaux :	*Dia ! hu ! hup ! hi ! ja ! ruou !*
D'appel :	*Hola ! hè ! hòu ! que !*
De silence :	*Chut !*
D'arrêt :	*Ato ! hòu ! la !*

REMARQUE. Quelques interjections peuvent être répétées comme : *Ai ! ai ! ai ! que ! que ! que ! chut ! chut ! chut ! la ! la ! la !* d'autres sont employées pour exprimer divers sentiments.

204. Quatre espèces de mots peuvent devenir interjections; ce sont :

Des noms tels que :	*Diéu ! misericòrdi !*		
» adjectifs »	» :	*Bon ! brave ! las !*	
» verbes »	» :	*Anen ! garo !*	
» adverbes »	» :	*Eici ! coume !*	

6

LOCUTION INTERJECTIVE.

207. On appelle locution interjective une réunion de mots qui remplissent la fonction d'interjection comme :

Ah! bon ! ah! bon! *eh bèn !* eh bien ! *ma fisto !* ma foi ! *l'ase fitre !* parbleu non! *malan de sort !* sort maudit! *tan-de-ran-lan !* *tan-de-ran-lèro !* tarare!

ONOMATOPÉES.

208. Aux interjections se rattachent les onomatopées, mots qui imitent le bruit, le mouvement ou le cri :

BRUIT

Des cloches :	*Deran-derin! derin! din! dan! don! doun!*
Du canon :	*Boum !*
De la serrure :	*Cri ! cra !*
Du moulin :	*Tic-tac !*
De la machine :	*Tric-trac !*
De la foudre :	*Cli-cla-cla !*
De l'instrument à cordes :	*Zin ! zan ! zoun !*
De la vapeur :	*Fff ! fou !*
Un objet tombant 1° sur un corps solide :	*Pataflou! patatras! pou! fli! fla! flin! flan! fleu ! za ! zèu!*
2° Dans l'eau :	*Chou !*
Des ailes.	*Frou !*
De quelque chose qui disparaît :	*Vst !*
Mouvement balancé et bruits :	*Balalin-balalan ! balin-balan ! brin-brou ! patalin-patatou !*

CRI.

De l'agneau, du chevreau :	*Bè !*
Du chien :	*Bou! bou-bou !*
Du coq :	*Cacaraca!*
De la poule :	*Cas-carasco !*
Du canard :	*Coua !*
Des oiseaux :	*Cui !*
Du dindon :	*Glou-glou…!*
Du loup :	*Hou !*
De la brebis, de la chèvre :	*Mè !*
Du chat :	*Miau !*
Chant du moineau :	*Pièu-pièu !*
Gazouillement :	*Rièu-chièu-chièu! chièu-chièu !*
Chant de la cigale :	*Sègo-sègo! ca-ca-ca….!*
Sifflement :	*Sss !*
Bourdonnement :	*Voun-voun ! Zoun-zoun !*

FORMATION DES MOTS

I. On distingue deux sortes de mots relativement à leur formation (*) : les composés et les dérivés.

COMPOSÉS.

II. Les mots composés sont formés d'un radical et d'une particule, appelée préfixe, qu'on place avant le radical.

Remarque. Le préfixe est le plus souvent un adverbe ou une préposition.

III. Voici les préfixes qui sont le plus fréquemment employés:

A marque la tendance, le rapprochement, l'augmentation : *acoumpagna* accompagner, *atira* attirer, *aplani* aplanir, *aprendre* apprendre, *afrejouli* rendre froid.

Cou signifie *emé* ; il donne le sens d'union à l'objet désigné par le radical : *coulègo* collègue, *coumaire* commère.

Countra exprime l'opposition : *countradicioun* contradiction ; il perd l'*u* et change l'*a* en *o* devant les verbes : *contro-dire* contredire, *contro-manda* contremander.

Des ou *dis* donne l'idée d'éloignement, de dérangement, de privation : *despaïsa* dépayser, *discourdant* discordant, *despoutenta* rendre impuissant ; quelquefois il prend le sens péjoratif: *desparla* mal parler.

Es s'emploie quand on veut exprimer le mouvement du dedans au dehors : *esbrudi* ébruiter, *estira* étirer.

En signifie la contenance, la superposition : *ensali* sali, *enrega* enrayer ; il change l'*n* en *m* devant *b* et *p* à cause de l'euphonie : *emparadisa* placer dans le paradis, *embasta* charger du bât, *embauma* embaumer, *enmasca* ensorceler.

In désigne la négation : *invesible* invisible, *inmourtau* immortel, *innoucènt* innocent.

Mes donne au radical un sens défavorable: *mespresa* mépriser, *mescresènt* mécréant.

Ou marque le contraire : *oupousicioun* opposition.

Pre désigne l'antériorité, la supériorité: *predestinacioun* prédestination, *preferi* préférer.

*C'est la formation vulgaire qui ne remonte pas à l'origine des racines, des préfixes et des suffixes; la formation savante est réservée à la grammaire historique

Re marque la répétition: *recoupa* recouper, *rétaia* retailler.

Su, sus, subre et *sou, sous, souto* sont des préfixes de supériorité ou d'infériorité par lesquels on indique aussi la position d'un objet au-dessus ou au-dessous d'un autre : *supousa* supposé, *susdi* susdit, *subre-dènt* surdent, *souveni* souvenir, *sousteni* soutenir, *souto-cabiscòu* sous-capiscol.

Tra, tres indiquent un changement de lieu, de situation en passant à travers quelque chose : *tramounta* passer un mont, *tresana* tressaillir, *trespira* suinter.

DÉRIVÉS.

IV. Les mots dérivés sont formés d'un radical et d'une terminaison ou désinence qu'on appelle suffixe.

NOMS.

Suffixes du nom.

V. Les suffixes *an, ian, en, es, in, oun* ajoutés aux noms des pays en désignent les habitants : *Rouman* Romains, *Egician* Egyptiens, *Santen* les habitants des Saintes-Maries, *Marsihés* Marseillais, *Perigourdin* Périgourdins, *Bourguignoun* Bourguignons.

Adou, àri, aire, èire, ié, isto, servent à former des noms de profession et de parti : *pescadou* pêcheur, *coursàri* corsaire, *amoulaire* émouleur, *courrèire* coureur, *moustardié* moutardier, *artisto* artiste, *papisto* papiste.

REMARQUE. *Adou* exprime une longue habitude de l'action : *jougadou* celui qui joue habituellement; *aire* désigne simplement l'action : *jougaire* joueur.

Ado, age, an, arés, arié, èu, ié, ige, iho, òri, un, uro servent à marquer l'extension, la collection, le lieu, etc : *aubado* concert à l'aube, *plumage* plumage, *roudan* ornière, *barcarés* flotte, *couquinarié* coquinerie, *escritèu* écriteau, *canié* cannaie, *bestige* bêtise, *maniho* anse, *escritòri* encrier, *cavalun, cavalin* espèce chevaline, *bourduro* bordure.

Aio, ard, as sont des augmentatifs ou péjoratifs : *granaio* grenaille, *riflard* riflard, *foulas* grand fou.

Eu, et, iho, ihoun, in, olo, ot, oun servent à former des diminutifs : *pijounèu* pigeonneau, *poutounet* petit baiser, *tourriho* petite tour, *moustrihoun* petit monstre, *tam-*

bourin tambour long et petit, *fourcolo* petite fourche, *mignot* petit ami, *cabanoun* petite cabane.

Remarque. Dans *ome, oumenet* petit homme, l'*o* qui était ouvert à la pénultième perd cette sonorité en prenant un *u* à l'antépénultième ; c'est l'appplication d'une règle générale de la phonétique en provençal.

Tous les dérivés des mots en *ai, è* adoucissent aussi la tonique de la racine : *paire* père, *peirin* parrain, *peirau* paternel; *mèstre* maître, *mestresso* maîtresse, *mestreja* maîtriser.

Suffixes de l'adjectif.

VI. On forme des noms abstraits en ajoutant aux adjectifs les suffixes *ço, esso, iço, ige, isme, iso, our, valènço* vaillance, *alegresso* allégresse, *maliço* malice, *lassige* lassitude, *Autisme* Très-Haut, *groumandiso* gourmandise, *founsour* profondeur,

Suffixes du verbe.

VII. On forme des noms désignant l'action en ajoutant aux verbes les suffixes *adis, ado, age, aire, anço, arié, esoun, èire, èu, ioun, men, tour, uro : mescladis* mélange, *acabado* achèvement, *barrage* barrage, *pagaire* payeur, *amaduranço* maturation, *sounarié* sonnerie, *pougnesoun* piqûre, *cresèire* croyant, *boufarèu* joufflu, *passioun* passion, *mancamen* manquement, *direitour* directeur, *pourtaduro* charge, en parlant d'un arbre qui porte des fruits.

ADJECTIFS.

Suffixes du nom.

VIII. Les adjectifs se forment en ajoutant au nom les suffixes *aru, ali, au, en, èu, ié, in, ious, u : banaru* qui a des cornes, *dramati* dramatique, *reiau* royal, *ambren* couleur d'ambre, *fidèu* fidèle, *tracassié* tracassier, *argentin* argentin, *couni* conique, *verinous* venimeux, *alu* ailé.

Suffixes de l'Adjectif.

IX. *Anchoun, et, inèu, inous, oulet, oun* servent à former des diminutifs et des péjoratifs : *vieianchoun* vieux, *pichoutet* petit, *palinèu* pâle, *blanquinous* blanc, *verdoulet* vert, *passidoun* flétri.

X. *As, ias, issime* forment les augmentatifs : *pauras* pauvre, *bounias* bon, *reverendissime* révérendissime.

Suffixes du verbe.

XI. Les suffixes *able, ant, ent, ible, iéu, ide, ile, is,* s'ajoutent aux verbes pour former des adjectifs dérivés, renfermant l'idée exprimée par ces verbes : *Ahissable* détestable, *brandant* branlant, *pacient* patient, *incourregible* incorrigible, *pensatiéu* pensif, *valide* valide, *facile* facile, *raubadis* exposé à être dérobé.

VERBES.

Suffixes du nom.

XII. On forme des verbes dérivés en ajoutant au nom les suffixes *a, ia, eja, i,* qui expriment l'action d'une manière générale : *clava* fermer à clé, *souleia* faire soleil, *testeja* montrer la tête, *clavela* clouer, *lusi* luire.

Suffixes de l'Adjectif.

XIII. Les suffixes *isa, fica* expriment que la qualité est accomplie : *legalisa* légaliser, *bounifica* bonifier.

Suffixes du verbe.

XIV. *Aia, ascla, assa, eja* expriment l'amoindrissement, l'augmentation ou la répétition de l'action : *rambaia* ramasser, *fendascla* fendre, *agrouvassa* accroupir, *richouneja* rire, *canteja* chantonner.

ADVERBES.

Les adverbes se forment tous avec le suffixe *men* : *bravamen* bravement, *gaiamen* gaîment ; ils sont susceptibles de prendre l'expression diminutive : *douçamenet* très-doucement.

XVI. On appelle *juxta-posés* les mots formés de plusieurs parties qui ont un sens par elles-mêmes. *Vilo-novo* Villeneuve, *Bon-Pas* Bon-Pas.

REMARQUE. Certains mots sont à la fois composés et dérivés : *Acana* abattre avec une perche, *acantouna* mettre dans un coin, *ennevouli* couvrir de nuages.

APPENDICE

VARIÉTÉS SUR LES NOTIONS PRÉLIMINAIRES

ET LES

PARTIES DU DISCOURS

POUR LES

SOUS-DIALECTES MARSEILLAIS, CÉVENOL ET MONTPELLIÉRAIN

NOTIONS PRÉLIMINAIRES. — NOM

Sous-dialecte marseillais.

I. La diphthongue *ei* est muette à la fin des mots polysyllabes : *aquéstei* ces, *quàuquei* quelques.

II. L'*o* ouvert est souvent changé en *oue* : *couelo (colo)* colline, *fouent (font)* fontaine, *mouert (mort)* mort, *fouelo (folo)* folle.

Sous-dialecte cévenol.

I. L'*e* suivi de *n* à la finale est généralement fermé : *jouvent* jeune homme, *souvent* souvent ; il y a exception pour quelques verbes : *tèn* il tient, *sèn* nous sommes.

Formation du féminin dans les noms.

II. La finale féminine est en *o*: *la daufino*; en *is* : *la cantairis* et pour quelques autres noms, en *isc* : *la castagnairisé* la ramasseuse de châtaignes, *la perdrise* la perdrix.

Formation du pluriel dans les noms.

III. On forme le pluriel dans les noms en ajoutant un *s* au singulier : *lou castèl, lous castèls ; la coumeta, las coumetas.*

Sous-dialecte montpelliérain.

I. La voyelle *a* peut être ouverte ou muette. Elle est muette à la fin des mots polysyllabes, quand elle n'est pas suivie d'une consonne ou lorsqu'elle précède l'*s* signe du pluriel : *countesta* contestation, *vida* vie, *bouquetas* petites bouches.

L'*a* ouvert est marqué d'un accent grave : *argelàs* genêt épineux, *blacàs* touffe de chênes, *cambià* changer, *cridà* crier.

La diphthongue *ia* (*io* en rhodanien) est quelquefois muette, comme dans *bestia* bête, *cambia* il change.

REMARQUE. Pour séparer l'*i* de l'*a*, on met un accent grave sur *i* : *via* voie.

Cet accent sépare une voyelle de la suivante, tandis que le tréma sépare de la précédente, une voyelle qu'il surmonte : *pouësìa* poésie.

II. L'*e* fermé n'est pas accentué dans la diphthongue *eu* : *deu* il doit, *fieu* fil.

III. L'*i* muet n'est jamais accentué : *cementeri* cimetière, *lagui* peine, *rafi* valet.

L'*i* fermé est marqué d'un accent grave à la fin des mots polysyllabes, quand il pourrait être confondu avec l'*i* muet; c'est-à-dire quand il n'est pas suivi d'une consonne ou lorsqu'il précède l'*s* final des mots qui s'écrivent au singulier comme au pluriel : *aqui* là, *jaussemi* jasmin, *sourris* sourire.

IV. Les substantifs terminés en *a* conservent le *t* de l'accusatif latin : *bountat (bonitatem)* bonté, *caritat (caritatem)* charité, *santat (sanitatem)* santé ; cette consonne est aussi conservée dans les participes dérivés des verbes latins ; *lausat (laudatum)* loué, *benesit (benedictum)* bénit, *ensepelit (sepultum)* enseveli.

Formation du féminin dans les noms ou substantifs.

V. La finale féminine est toujours en *a* : *la daufina, la cantairissa, la bergeira.*

Formation du pluriel dans les noms ou substantifs.

VI. On forme le pluriel dans les noms en ajoutant un *s* au singulier : *lou castel, lous castels ; la caumeta, las caumetas.*

ADJECTIF

Adjectif qualificatif.

Les règles de la formation pour le féminin et le pluriel sont
les mêmes que celles du substantif.

Adjectifs déterminatifs.

Adjectif article.

Français.	Marseillais	Cévenol.	Montpelliérain.
S. M. Le,	lou,	lou,	lou.
S. F. La,	la,	la,	la.
P. M. Les,	lei,	lous, loui, louis (*),	lous, louis, loui.
P. F. Les,	lei,	las, lai,	las, lais, lai.

Adjectifs démonstratifs.

Français	Marseillais	Cévenol	Montpelliérain
S. M. Cè, cet,	aqueste, aquéu,	aqueste, aiceste, aquel,	aqueste. aquel.
S. F. Cette,	aquesto, aquelo,	aquesto, aicesto, aquelo,	aquesta. aquela.
P. M. Ces,	aquéstei, aquélei,	aquestes, aicestes, aquelès,	aquestes, aquesteis, aquestei. aquelès, aqueleis, aquelei.
P. F. Ces,	aquéstei, aquélei,	aquestos, aicestos, aquéstoi, aicéstoi, aquelos, aquéloi,	aquestas, aquestais, aquestai. aquelas, aquelais, aquelai.

Adjectifs possessifs.

Avec un possesseur.

Français	Marseillais	Cévenol	Montpelliérain
S. M. Mon,	moun,	moun,	moun.
Ton,	toun,	toun,	toun.
Son,	soun,	soun,	soun.
S. F. Ma,	ma,	ma,	ma.
Ta,	ta,	ta,	ta.
Sa,	sa,	sa,	sa.
P. M. Mes,	mei,	mous, moui,	mous, mouis, moui.
Tes,	tei,	tous, toui,	tous, touis, toui.
Ses.	sei,	sous, soui,	sous, souis, soui.

(*) Devant une voyelle, comme tous les autres adjectifs en i.

Français.	Marseillais	Cévenol.	Montpelliérain.
P. F. Mes,	mei,	mas, mai,	mas, mais, mai.
Tes,	tei,	tas, tai,	tas, tais, tai.
Ses,	sei,	sas, sai,	sas, sais, sai.

Avec plusieurs pos.

Français.	Marseillais	Cévenol.	Montpelliérain.
S. M. Notre ,	noueste,	noste,	noste, nostre.
Votre,	voueste,	voste,	voste, vostre.
Leur,	soun,	lus,	soun.
S. F. Notre ,	nouesto,	nosto,	nosta, nostra.
Votre,	vouesto,	vosto,	vosta, vostra.
Leur,	sa,	lus,	sa.
P. M. Nos,	nouéstei,	nostes,	nostes, nosteis, nostei.
Vos,	vouéstei,	vostes,	vostes, vosteis, vostei.
Leurs,	sei,	lus,	sous, souis, soui.
P. F. Nos,	nouéstei,	nostos, nòstoi,	nostas, nostais, nostai.
Vos,	vouéstei,	vostos, vòstoi,	vostas, vostais, vostai.
Leurs ,	sei,	lus; lùi,	sas, sais, sai.

Adjectifs numéraux.

Numéraux cardinaux.

Les mêmes que dans le sous-dialecte rhodanien, excepté les suivants pour un ou plusieurs des trois sous-dialectes.

Français.	Marseillais	Cévenol.	Montpelliérain.
Huit,	vue,	iuè,	ioch.
Dix,	dès,	dès,	dech, des.
Onze,	vounge,	vounze,	ounze.
Douze,	douge,	douge,	douge.
Treize,	trege,	trege,	trege.
Quatorze,	quatòrge ,	quatorze,	quatorze.
Quinze,	quinge,	quinze,	quinze.
Quarante,	quaranto,	quaranto,	qranta, quaranta.

Numéraux ordinaux.

Français.	Marseillais	Cévenol.	Montpelliérain.
Premier,	premié,	prumiè, miéiro ;	premié, permié, prou-miè, purmiè.
Dixième,	desen,	desen,	dechen, desen.

Noms de nombres fractionnaires.

Français.	Marseillais	Cévenol.	Montpelliérain.
Demi, moitié,	mié, ejo, mita,	mié, ejo, mita,	mié, eja, mitat.

Adfectifs conjonctifs.

Français.	Marseillais	Cévenol.	Montpelliérain.
S. M. Lequel,	lou quau,	lou quau,	lou quau.
Duquel,	dóu quau,	dau quau,	dau quau.
Auquel,	au quau,	au quau,	au quau.

Français.	Marseillais.	Cévenol.	Montpelliérain.
S. F. Laquelle,	la qualo,	la qualo,	la quala.
Delaquelle,	de la qualo,	de la qualo,	de la quala.
A laquelle,	à la qualo,	à la qualo,	à la quala.
P. M. Lesquels,	lei quau,	lous quales,	lous quales.
Desquels,	dei quau,	das quales,	das quales.
Auxquels,	ei quau,	as quales,	as quales.
P. F. Lesquelles,	lei quàlei,	las qualos,	las qualas.
Desquelles,	dei quàlei,	das qualos, de las qualos,	das qualas, de las qualas.
Auxquelles,	ei quàlei,	as qualos, à las qualos,	as qualas, à las qualas.
			REMARQUE. Ces adjectifs sont plutôt littéraires que populaires.

Adjectifs indéfinis.

Français.	Marseillais.	Cévenol.	Montpelliérain.
S. Aucun, une,	aucun, uno,	aucun, uno,	aucun, una.
Certain, aine,	certan, ano,	certan, ano,	certan, ana.
Chaque,	cade, o, chasque, asco,	cade, o, chaque, aco,	chaque, chaca.
Maint, ainte,	mant, anto,	mant, anto, mantun, o,	—
Même,	meme, o,	meme, o,	meme, a.
Quelque,	quauque, auco,	quauque, auco,	quauque, auca.
Quel, elle,	quente, o, quete, o, quinte, o,	quante, o, quinte, o,	quante, a, quinte, a.
Tel, elle,	tau, alo,	tau, alo,	tau, ala.
Tout, e,	tout, o,	tout, o,	tout, a.
Un, e,	un, o	un, o,	un, a.
P. Aucuns, unes,	aucun, ùnei,	aucunes, os,	aucunes, unas.
Certains, aines,	certan, ànei,	certans, certanes, certanos, certànoi,	certans, anas. certanais, certanai.
Maints, aintes,	mant, àntei,	mantunes, unos,	—
Les suivants servent à interroger :			
Quel?	quente, quete, quinte?	quante, quinte?	quante, quinte?

Français.	Marseillais.	Cévenol.	Montpelliérain.
Mêmes,	mémei, d. 2 g.	memes , os , mémoi,	memes, memeis, me-mei, as, ais, ai.
Plusieurs,	plusiour, d. 2 g.	plusiour, d. 2 g.	plusiures.
Quelques,	quàuquei, d. 2 g.	quauques, cos, quàucoi,	quàuques, aucas.
Quels, elles,	quéntei, quétei, quìntei, d. 2 g.	quantes, quintes, os, oi ,	quantes , quanteis , quantei, as, ais, ai, quintes , etc.
Tels, elles,	tau, tàlei,	taus, ales, alos, àloi,	taus , alas , alais , alai.
Tous, tes,	tóutei, d. 2 g.	toutes, os, oi	toutes, touteis, toutei, as, ais, ai.
(Uns), es,	ùnei, d. 2 g.	unes, os,	unes, as.

PRONOM

Pronoms personnels.

	Marseillais.	Cévenol.	Montpelliérain.
S. Je, Moi,	iéu,	iéu,	ieu.
Me,	mi,	me,	me.
Tu, Toi,	tu,	tu,	tus.
Te,	ti,	te,	te.
Il, elle,	éu, elo,	el, elo,	el, ela.
Se,	si,	se,	se.
P. Nous,	nous,	nous,	nous, nouis, noui.
Vous,	vous,	vous,	vous, vouis, voui.
Ils, elles,	élei,	eles, elos,	eles, eleis, elei, as, ais, ai.
Eux,	élei,	eles,	eles.
D. d. g. En,	n', n'en,	n', n'en ;	ne, n', n'en.
Y,	li,	i, ié,	ie.

Pronoms déterminatifs.

Pronom article.

	Marseillais.	Cévenol.	Montpelliérain.
M. Le,	lou, va,	lou, hou,	lou,
F. La,	la, va,	la,	la.

Français.	Marseillais.	Cévenol.	Montpelliérain.
P. M. Les.	*lei,*	*lous, loui;*	*lous, louis, loui.*
P. F. Les,	*lei,*	*las, lai;*	*las, lais, lai.*

Pronoms démonstratifs.

Français.	Marseillais.	Cévenol.	Montpelliérain.
S. M. Celui,	*aqueste,* *aquéu,*	*aqueste, aiceste* *aquel,*	*aqueste.* *aquel.*
S. F. Celle,	*aquesto,* *aquelo,*	*aquesto, aicesto* *aquelo,*	*aquésta.* *aquela.*
P. M. Ceux,	*aquéstei,* *aquélei,*	*aquestes, ai-cestes,* *aqueles,*	*aquestes, aquesteis.* *aquestei.* *aqueles, aquelcis, a-quelei.*
P. F. Celles,	*aquéstei,* *aquélei,*	*aquéstos, ai-cestos, oi,* *aquelos, oi,*	*aquestas, aquestais, aquestai.* *aquelas, aquelais, a-quelai.*
D. d. g. Ce,	*ço,*	*ce, ço,*	*ce, ça.*
Ceci,	*eiçò,*	*aiçò,*	*aiçò.*
Cela, ça,	*acò,*	*acò.*	*acò.*

Pronoms possessifs.

Avec un possesseur.

Français.	Marseillais.	Cévenol.	Montpelliérain.
S. M. Le mien,	*lou miéu,*	*lou miéu, lou miéune,*	*lou mieu, lou mieune*
Le tien,	*lou tiéu.*	*lou tiéu, lou tiéune,*	*lou tieu, lou tieune.*
Le sien,	*lou siéu,*	*lou siéu, lou siéune,*	*lou sieu, lou sieune.*
S. F. La mienne,	*la miéuno,*	*la miéu, la miéuno,*	*la mieuna.*
La tienne,	*la tiéuno,*	*la tiéu, tiéuno,*	*la tieuna.*
La sienne,	*la siéuno,*	*la siéu, siéuno,*	*la sieuna.*
P. M. Les miens,	*lei miéu,*	*lous miéus, miéunes,*	*lous mieus, lous mieu-nes, mieuneis, mieunei.*
Les tiens,	*lei tiéu*	*lous tiéus, lous tiéunes,*	*lous tieus, lous tieu-nes (**).*
Les siens,	*lei siéu,*	*lous siéus, siéunes*	*lous sicus, lous sieu-nes (**).*
P. F. Les mien-nes,	*lei miéuno,*	*las miéus, las miéunos (*),*	*las mieunas, micunais mieunai.*
Les tiennes,	*lei tiéuno,*	*las tiéus, las tiéunos (*),*	*las tieunas (**).*
Les siennes,	*lei siéuno,*	*las siéus, las siéunos (*),*	*las sicunas (**).*

(*) Avec les formes en *i*. — (**) Avec les formes en *is* et en *i*.

Français.	Marseillais.	Cévenol.	Montpelliérain.
Avec plusieurs possesseurs			
S. M. Le nôtre,	*lou nouestre,*	*lou nostre,*	*lou nostre.*
Le vôtre,	*lou vouestre,*	*lou vostre,*	*lou vostre.*
Le leur,	*lou siéu,*	*lou lus,*	*lou sieune.*
S. F. La nôtre,	*la nouestro,*	*la nòstro,*	*la nòstra.*
La vôtre,	*la vouestro,*	*la vostro,*	*la vòstra.*
La leur,	*la siéuno,*	*la lus,*	*la sieuna.*
P. M. Les nôtres,	*lei nouestre,*	*lous nostres,*	*lous nostres, nostreis, nostrei.*
Les vôtres,	*lei vouestre,*	*lous vostres,*	*lous vostres, vostreis, vostrei.*
Les leurs,	*lei siéu,*	*lous lus,*	*lous sieus, sieuneis, sieunei.*
P. F. Les nôtres,	*lei nouestro,*	*las nostros, las nòstroi,*	*las nostras, nostrais, nostrai.*
Les vôtres,	*lei vouestro,*	*las vostros, las vòstroi,*	*las vostras, vostrais, vostrai.*
Les leurs,	*lei siéu,*	*las lus, las lùi,*	*las sieunas, sieunais, sieunai.*

Pronoms numéraux.

Les pronoms numéraux cardinaux sont les mêmes que les adjectifs numéraux cardinaux.

Les pronoms numéraux ordinaux sont formés des adjectifs numéraux ordinaux et de l'article qui les précède.

Pronoms conjonctifs.

Les pronoms conjonctifs sont les mêmes que les adjectifs conjonctifs, excepté pour le s.-d. marseillais dont le féminin pluriel reprend la terminaison *o* de l'adjectif qui n'est pas suivi d'un nom : *Lei qualo, dei qualo, ei qualo.*

Pronoms indéfinis.

Les adjectifs indéfinis deviennent des pronoms indéfinis quand ils ne sont pas accompagnés des noms et ceux en *ei* dans le s.-d. marseillais reprennent encore la terminaison *o* : *talo* telles; il y a exception pour *tóutei* toutes, qui conserve cette forme.

S. Chacun,	*cadun, o, chascun, o,*	*cadun, o chascun, o,*	*chacun, chacuna.*
L'un,	*l'un, o,*	*l'un, o,*	*l'un, a.*
L'autre,	*l'autre, o,*	*l'autre, o,*	*l'autre, a.*

Français.	Marseillais.	Cévenol.	Montpelliérain.
Nul, nulle,	—	*nat, nado,*	—
On,	*on, l'on,*	*on, l'on,*	*on, l'on.*
Personne,	*degun, o, res,*	*degun, o, degus,*	*degun.*
Que,	*que*	*que,*	*que.*
Qui,	*quau,*	*quau,*	*quau.*
Quelqu'un, e,	*quaucun, o,*	*quaucun, o, quaucus,*	*quauqu'un, a.*
Rien,	*rèn,*	*rèn, res, rièn,*	*res, re.*
P. Les uns, es,	*leis ùnei,*	*lous uns, unes, las unos* (avec les formes en *i*),	*lous uns, las unas* (avec les formes en *is* et en *i*).
Les autres,	*leis àutrei,*	*lous autres, las autros* (a. les formes en *i*).	*lous autres, las autras* (avec les formes en *is* et en *i*).
Quelques-uns, es	*quàuqueis un, o,*	*quauques-uns, quauques-unes, os* (avec les formes en *i*),	*quauques-uns, as* (avec les formes en *is* et en *i*).

VERBE

Conjugaison du verbe AVOIR

Infinitif.

PRÉSENT OU FUTUR.

Avoir,	|avé, *agué,*	|avedre, *aguedre,*	|avedre, *aguedre.*

Participe.

PRÉSENT OU FUTUR.

Ayant,	|avènt, *aguént,*	|aguent,	|aguent, *agent.*

PARTICIPE PASSÉ.

Eu, eue,	|agu, *agudo,*	|agu, *agudo,*	|agut, *aguda.*

Indicatif.

PRÉSENT.

J'ai,	|ai,	|ai,	|ai.
Tu as,	|as,	|as,	|as.
Il a,	|a,	|a,	|a.
Nous avons,	|avèn,	|avèn,	|avèn.
Vous avez,	|avès,	|avès,	|avès.
Ils ont,	|an,	|an,	|an.

IMPARFAIT.

Français.	Marseillais.	Cévenol.	Montpelliérain.
J'avais,	*aviéu,*	*aviéi,*	*aviéi.*
Tu avais,	*aviés*	*aviès,*	*aviès.*
Il avait,	*avié,*	*aviè,*	*avié.*
Nous avions,	*avian,*	*avian,*	*avian.*
Vous aviez,	*avias,*	*avias,*	*aviàs.*
Ils avaient.	*avien,*	*aviéu,*	*avien.*

PARFAIT DÉFINI.

Français.	Marseillais.	Cévenol.	Montpelliérain.
J'eus,	*aguèri,*	*aguère,*	*aguere, agere.*
Tu eus,	*aguères,*	*aguères,*	*aguères, agères*
Il eut,	*aguè,*	*aguè,*	*aguet, aget.*
Nous eûmes,	*aguerian,*	*aguèn,*	*agueren, ageren*
Vous eûtes,	*aguerias,*	*aguès,*	*agueres, ageres.*
Ils eurent,	*aguèron,*	*aguèrou,*	*agueroun, age-roun.*

FUTUR SIMPLE.

Français.	Marseillais.	Cévenol.	Montpelliérain.
J'aurai,	*aurai,*	*aurai,*	*aurai.*
Tu auras,	*auras,*	*auras,*	*auràs.*
Il aura,	*aura,*	*aura,*	*aurà.*
Nous aurons,	*auren,*	*auren,*	*auren.*
Vous aurez,	*aurés,*	*aurés,*	*aurés.*
Ils auront,	*auran.*	*auran,*	*auran.*

Conditionnel.

PRÉSENT OU FUTUR.

Français.	Marseillais.	Cévenol.	Montpelliérain.
J'aurais,	*auriéu,*	*auriéi,*	*auriei.*
Tu aurais,	*auriés,*	*auriès,*	*auriès.*
Il aurait,	*aurié,*	*auriè,*	*aurié.*
Nous aurions,	*aurian,*	*aurian,*	*aurian.*
Vous auriez,	*aurias,*	*aurias,*	*auriàs.*
Ils auraient.	*aurien,*	*auriéu,*	*aurien.*

Impératif.

Français.	Marseillais.	Cévenol.	Montpelliérain.
Aie,	*agues,*	*agues,*	*achàs.*
Qu'il ait,	*ague,*	*ague,*	*ague, age.*
Ayons,	*aguen,*	*aguen,*	*aguen, agen.*
Ayez,	*agués,*	*agués,*	*achàs.*
Qu'ils aient,	*agon,*	*agou,*	*agoun, ajoun.*

Subjonctif.

PRÉSENT OU FUTUR.

Français.	Marseillais.	Cévenol.	Montpelliérain.
Que j'aie,	qu'águi,	qu'ague,	qu'ague, age.
Que tu aies,	qu'agues,	qu'agues,	qu'agues, ages.
Qu'il ait,	qu'ague,	qu'ague,	qu'ague, age.
Que nous ayons,	qu'aguen,	qu'aguen,	qu'aguen, agen.
Que vous ayez,	qu'agués,	qu'agués,	qu'aguĕs, agés.
Qu'ils aient,	qu'agon,	qu'agou,	qu'agoun, ajoun

IMPARFAIT.

Français.	Marseillais.	Cévenol.	Montpelliérain.
Que j'eusse,	qu'aguèssi,	qu'aguèsse,	qu'aguessĕ, agesse.
Que tu eusses,	qu'aguèsses,	qu'aguèsses,	qu'aguesses, agesses.
Qu'il eût,	qu'aguèsse,	qu'aguèsse,	qu'aguesse, agesse.
Q. nous eussions,	qu'aguessian,	qu'aguessian,	qu'aguessen, agessen.
Q. vous eussiez,	qu'aguessias,	qu'aguessias,	qu'aguesses, agesses.
Qu'ils eussent,	qu'águèsson,	qu'aguèssou,	qu'aguessoun, agessoun.

Conjugaison du verbe ÊTRE.

Infinitif.

PRÉSENT OU FUTUR.

Etre,	èstre,	èstre,	estre, este.

Participe.

PRÉSENT OU FUTUR.

Etant,	estent,	estent,	estent, seguent.

PASSÉ.

Eté,	esta, estado,	esta, estado,	estat, estada.

Indicatif.

PRÉSENT OU FUTUR.

Je suis,	siéu,	siéi, soui,	soui, siéu, siéi.
Tu es,	sies,	sies,	sies.
Il est,	es ou ei,	es,	es.

7

Français.	Marseillais.	Cévenol.	Montpelliérain.
Nous sommes,	*sian,*	*sèn,*	*sen.*
Vous êtes,	*sias,*	*sès,*	*ses.*
Ils sont,	*soun,*	*sou, soun,*	*sou, soun.*

IMPARFAIT.

Français.	Marseillais.	Cévenol.	Montpelliérain.
J'étais,	*èri,*	*ère,*	*ere.*
Tu étais,	*ères,*	*ères,*	*eres.*
Il était,	*èro,*	*èro,*	*era.*
Nous étions,	*erian,*	*sian,*	*eren.*
Vous étiez,	*erias,*	*sias,*	*eres.*
Ils étaient,	*èron,*	*èrou,*	*eroun.*

PARFAIT DÉFINI.

Français.	Marseillais.	Cévenol.	Montpelliérain.
Je fus,	*siguèri,* *fuguèri,*	*saguère,* *seguère,*	*seguere.*
Tu fus,	*siguères,* *fuguères,*	*saguères,* *seguères,*	*segueres.*
Il fut,	*siguè,* *fuguè,*	*saguè,* *seguè,*	*seguet.*
Nous fûmes,	*siguerian,* *fuguerian,*	*saguen,* *seguen,*	*segueren.*
Vous fûtes,	*siguerias,* *fuguerias,*	*saguès,* *seguès,*	*segueres.*
Ils furent,	*siguèron,* *fuguèron,*	*saguèrou,* *seguèrou,*	*segueroun.*

FUTUR SIMPLE.

Français.	Marseillais.	Cévenol.	Montpelliérain.
Je serais,	*sarai, serai,*	*sarai, serai,*	*serai, sarai.*
Tu seras,	*saras, seras,*	*saras, seras,*	*seràs, saràs.*
Il sera,	*sara, sera,*	*sara, sera,*	*serà, sarà.*
Nous serons,	*saren, seren,*	*saren, seren,*	*seren, saren.*
Vous serez,	*sarés, serés,*	*sarés, serés,*	*serés, sarés.*
Ils seront,	*saran, seran,*	*saran, seren,*	*seran, saran.*

Conditionnel.

PRÉSENT OU FUTUR

Français.	Marseillais.	Cévenol.	Montpelliérain.
Je serais,	*sariéu,*	*arièi, serièi,*	*seriei, sariei.*
Tu serais,	*sariés,*	*sariès, seriès,*	*seriès, sariès.*
Il serait,	*sarié,*	*sariè, seriè,*	*seriè, sariè.*
Nous serions,	*sarian,*	*sarian, serian,*	*serian, sarian.*
Vous seriez,	*sarias,*	*sariàs, seriàs,*	*seriàs, sariàs.*
Ils seraient,	*sarien,*	*sarièu, serièu,*	*serien, sarien.*

Impératif.

PRÉSENT OU FUTUR.

Français.	Marseillais.	Cévenol.	Montpelliérain.
Sois,	*siègues,*	*siègues,*	*siegues, sieges.*
Qu'il soit,	*siègue,*	*siègue,*	*siegue, siege.*
Soyons,	*siguen,*	*saguen, seguen,*	*seguen.*
Soyez,	*sigués,*	*sagués, segués,*	*segués.*
Qu'ils soient,	*siègon,*	*siègou,*	*siegoun, siejoun*

Subjonctif.

PRÉSENT OU FUTUR.

Français.	Marseillais.	Cévenol.	Montpelliérain.
Que je sois,	*que siègui, fugui,*	*que siègue,*	*que siegue, siege.*
Que tu sois,	*que siègues, fugues,*	*que siègues,*	*que siegues, sieges.*
Qu'il soit,	*que siègue, fugue,*	*que siègue, siègo,*	*que siegue, siege.*
Que nous soyons	*qui siguen, fuguen,*	*que sagen, seguen,*	*que seguen.*
Que vous soyez,	*que sigues, fugués,*	*que sagués, segués,*	*que segués.*
Qu'ils soient,	*que siègon, fugon,*	*que saguen, seguen,*	*que siegoun, siejoun.*

IMPARFAIT.

Français.	Marseillais.	Cévenol.	Montpelliérain.
Que je fusse,	*que siguèssi, fuguèssi,*	*que saguèsse, seguèsse,*	*que seguesse.*
Que tu fusses,	*que siguèssès, fuguèsses,*	*que saguèsses, seguèsses,*	*que seguesses.*
Qu'il fût,	*que siguèsse, fuguèsse,*	*que saguèsse, seguèsse,*	*que seguesse.*
Q. nous fussions,	*que siguessian, fuguessian,*	*que saguessian, seguessian,*	*que seguessoun.*
Q. vous fussiez,	*que siguessias, fuguessias,*	*que saguessias, seguessias,*	*que seguesses.*
Qu'ils fussent,	*que siguèsson, fuguèsson,*	*que saguèssou, seguèssou,*	*que seguessoun.*

REMARQUES. I. Le verbe *rèndre* et tous les autres verbes attributifs se forment, comme dans le rhodanien, en prenant les terminaisons du verbe avoir et quelques-unes du verbe être.

II. Le sous-dialecte marseillais a une contraction plus forte au parfait défini de l'indicatif et à l'imparfait du subjonctif : on dit *rendèri* je rendis pour *rendeguèri* et *que rendèssi* que je rendisse pour *que rendeguèssi.*

III. La 1e personne du singulier, dans le marseillais, prend un *i* au présent de l'indicatif et du subjonctif ainsi qu'au parfait défini de l'indicatif et au parfait du subjonctif : *àmi* j'aime, *vòli* je veux, etc. La 3e personne du même temps ajoute un *e* : *rènde* il rend.

Le cévenol a une seconde forme pour le présent du subjonctif, aux personnes suivantes : 1e p. d. s., *que rènde* que je rende ou *que rèndie;* 2e p. d. s., *que rèndes* que tu rendes *que rèndies;* 3e p. d. s., *que rènde* qu'il rende *que rèndie* ou *rèndio;* 3e p. d. p., *que rèndou* qu'ils rendent *que rèndiou.*

ADVERBES

Français.	Marseillais.	Cévenol.	Montpelliérain.
Les adverbes sont les mêmes que dans le s.-d. rhodanien, excepté les suivants :			
DE TEMPS. (*).	*Soude* (*) soudain,	*adesaro* (*) maintenant, *alàbés* (*) alors, *iuèi* aujourd'hui.	*adesara,* passat-ier, avantier, avant-hier, *tantos* tantôt, *ioi* aujourd'hui.
		les adverbes *desenant, entanterin, enterin, quatecant* sont inusités dans le languedocien ; *subran* et *sempre* n'appartiennent pas à la langue populaire.	
DE LIEU.	*Li* y,	*darriès* derrière, *darrié* dernier, *i* (*) y, *ne* en. R. La diphthongue *ei* dans le corps des mots est changée en *ai* : *èilalin* fait *ailalin.* Les composés des adverbes *àlin, amount, avau,* sont peu usités dans le languedocien.	
DE MANIÈRE.	. . . . .	*Atambé, aitambé, també* aussi bien, *voulountié* volontiers.	*tamben, tabé* aussi bien.
DE QUANTITÉ.	*fouesso,*	*entieiramen* entièrement, *foço* très, *prou* assez,	*entieirament* entièrement, *fossa* très, *prou* assez.

(*) Les adverbes marqués d'un (*) ont aussi la forme du rhodanien. Même remarque pour les mots invariables qui suivent.

Français.	Marseillais.	Cévenol.	Montpelliérain.
D'ORDRE.	. . . .	*prumièiramen, d'en prumiè, de-s-en prumiè* premièrement,	*pioi* puis, *premieirament, d'en premiè* premièment ;
		darrieiramen, d'en darriè, de-s-en darriè dernièrement,	*darrieirament, d'en darrié* dernièrement.
D'AFFIRMATION.	. . . . .	*certenamen* certainement, *oi,* oui, *segu* sûrement, *de-segu* assurément,	*certenament* certainement, *oi* oui, *segu* sûrement, *de-segu* assurément.
DE NÉGATION.	. . . . .	*nou, nàni* non,	*nàni, nan-pas, no, nou* non.
DE DOUTE.	. . . . .	*belèu, saique* peut-être.	*belèu, saique* peut-être.
DE RESSEMBLANCE.	. . . . .	*també* aussi,	*tabé* aussi, *antau* (*) ainsi.
DE DIFFÉRENCE.	. . . . .	. . . .	. . . .
D'UNION.	. . . . .	*ensemble* ensemble,	*ensemble* ensemble.
DE COMPARAISON.	. . . . .	*aitant* (*) autant, *mièl* mieux.	*tant* (*) autant, *milhou* mieux.

REMARQUE. Il y a encore des locutions adverbiales qui sont généralement formées de substantifs, d'adverbes et de prépositions.

PRÉPOSITIONS

Les mêmes que dans le rhodanien, à l'exception des suivantes :

Français	Marseillais	Cévenol	Montpelliérain
Contre,	. . . . .	*cronto* (*).	*contra, cronta.*
Derrière,	. . . . .	*darriès,*	*darriès.*
Puis,	. . . . .	. . . .	*pioi.*
Avec,	. . . . .	*embé, emb,*	*embé, emb, emé.*
Hors,	. . . . .	. . . .	*defora.*
Par, pour,	. . . . .	*per,*	*per.*
Proche,	*pròchi,*	*pròchi,*	*près* (*).
Parmi,	. . . . .	*permié,*	*en mitan, en miè.*
Selon,	. . . . .	*segound,*	*seloun.*
Sans,	. . . . .	*senso,*	*sans.*
Sous,	. . . . .	*jouto* (*),	*dejout, dejouta, jout.*

Français.	Marseillais.	Cévenol.	Montpelliérain.
Sur,	. . . . .	. . . . , .	*sus.*
Vers,	. . . . .	*vès* (*)	*dau, devès* (*).

REMARQUE. La plupart des locutions prépositives sont formées d'adverbes et de prépositions.

CONJONCTIONS

Les mêmes que dans le rhodanien, à l'exception des suivantes :

Français	Marseillais	Cévenol	Montpelliérain
Et de plus,	. . . . .	*amai,*	*amai .*
Puisque,	. . . . , .	*pici-que,*	*pioi-que.*
Aussi,	. . . . .	*també,*	*tabé, tant bén.*
Comme,	*coumo,*	*coumo* (*),	*couma.*

REMARQUE. Les locutions conjonctives sont généralement formées d'adverbes, de prépositions et de conjonctions; c'est ordinairement le dernier des mots invariables dont elles sont composées, qui donne le nom aux locutions adverbiales, prépositives ou conjonctives.

INTERJECTION

Les mêmes que dans le rhodanien, excepté :

Malédiction, en cévenol : *malediciéu.*

Cli ! cla ! en l. *clic ! clac !* ou *clico ! claco !* ; *cas-carasco !* en l. *coudis-coudasco !* ; *chou !* en l. *chouco !*

Les interjections suivantes sont inconnues ou peu usitées dans le languedocien :

Aisso ! ato ! eto ! càspi ! hui ! d'aut !

DEUXIÈME PARTIE

DE LA PROPOSITION

DE LA PROPOSITION

ACCORD. { Nom. / Adjectif. / Pronom. / Verbe.

COMPLÉMENT. {
- Nom.
- Adjectif qualificatif. { Complément déterminatif, limitant l'étendue de la signification.
- Pronom.
- Verbe. {
  - Compl. direct.
  - » indirect.
  - » circonstanciel. { De cause. / De temps. / De lieu. / De manière. / De but, etc.

EMPLOI PARTICULIER de CERTAINS MOTS. {
- Nom.
- Adjectif. { Qualificatif. / Déterminatif. }
- Pronom. { Personnel. / Déterminatif. } { Place. / Répétition. / Pléonasme.
- Verbe.
- Adverbe.
- Préposition.

CONSTRUCTION DE LA PROPOSITION.

DEUXIÈME PARTIE

DE LA PROPOSITION

---

207. Les éléments constitutifs de la proposition sont le sujet, le verbe et l'attribut. Le verbe en est le terme essentiel.

208. La construction des propositions comprend deux parties : l'accord et le complément.

209. L'accord des mots a pour objet de mettre des mots au même genre, au même nombre ou à la même personne.

210. Le complément des mots a pour objet de joindre aux mots des expressions qui en complètent le sens.

CHAPITRE I

ACCORD DES MOTS

211. L'accord n'a lieu qu'entre le nom, l'adjectif, le pronom et le verbe.

212. Le nom est la base de l'accord entre les mots d'une proposition ; il détermine le genre et le nombre des adjectifs et des pronoms ; il indique la personne et le nombre des verbes.

NOM

Noms d'un seul genre.

213. Lorsque les noms des professsions exercées habituel-lement par les hommes, désignent des femmes, ils restent au masculin :

Quàuqui dono soun d'autour renouma. Quelques femmes sont des auteurs renommés.

Remarques sur le genre de quelques noms.

214. Amour n'est féminin qu'au pluriel, dans le sens de passion :

Regrèto si fòlis amour. Il regrette ses folles amours.

215. Enfant est masculin lorsqu'il désigne un petit garçon :

Voste fihòu èis un bèl enfant. Votre filleul est un bel enfant ; il est féminin s'il désigne une petite fille :

Aquelo chato èis uno bravo enfant. Cette jeune fille est une bonne enfant.

216. *Gardo* au féminin a le sens de gardien, surveil-lant ; au féminin, il a deux significations : troupe de soldats et action de garder :

La gardo passo. La garde passe. *Estre de gardo* être de garde.

217. *Gènt* est toujours féminin : *Eis uno gènt coumé se dèu.* C'est une personne bien élevée. *De gràndi gènt* de grandes gens, *de fàussi e malounèsti gènt* des gens faux malhonnêtes.

218. *Pasco* n'est masculin qu'en parlant de la fête des chrétiens et du jour même où elle est célébrée.

Arrivo que Pasco es tardié. Il arrive que Pâques est tardif ; signifiant la fête des Juifs, il est féminin, comme dans tous les cas au pluriel :

Noste-Segne festejè la Pasco emé sis Aposto. Notre-Seigneur fit la Pâque avec ses Apôtres ; *faire de bòni Pasco* faire de bonnes Pâques.

219. Qelques noms masculins deviennent féminins par le changement de *e* en *o* : *un inne* un hymne, *uno inno* une hymne, *lou manche* le manche, *la mancho* la manche.

Noms d'un seul nombre.

220. Il y a des noms qui ne sont usités qu'au singulier :

1º Les noms de métaux, comme *l'or* l'or, *l'argènt*, l'argent, *lou ferre* le fer; on met cependant au pluriel ceux qui désignent les parties du métal ouvragé :

Li ferre dóu pourtau e de la grasiho les fers du portail et de la grille.

2ᵉ Les noms des arts et des sciences: *La pouësio* la poésie, *l'astrounoumio* l'astronomie.

3º Les noms d'aromates : *L'encèns* l'encens, *lou baume* le baume, *la vaniho* la vanille.

4º Les noms d'âge : *La jouvènço* la jeunesse, *lou vieiounge* la vieillesse.

5º Les noms des sens, comme *la visto* la vue.

6º Les adjectifs pris substantivement : *Lou bèu* le beau, *lou laid* le laid.

7º Les substantifs formés d'un infinitif : *Lou leva* le lever, *lou coucha* le coucher.

8º Les noms des vertus et des vices : *La prudènço* la prudence, *l'injustiço* l'injustice.

221. Certains noms ne s'emploient qu'au pluriel ; ils désignent des actes réunis, des objets inséparables, quoique distincts dans leur ensemble : *Lis armarié* les armoiries, *li vèspro* les vêpres, *lis alentour* les alentours, *li mouchelo* les mouchettes.

ADJECTIF

Accord de l'adjectif qualificatif.

222. L'adjectif qualificatif s'accorde en genre et en nombre avec le nom ou le pronom qu'il qualifie :

Soun pesquié LISC *gardavo sa clarour :*
Si VERD *pavoun* FIER *se pavounejavoun ;*
Sou ort de roso avié la memo oudour ;
E dous pèr dous, si BLANC *cièune trevavon*
Lou pesquié LISC *que gardo sa clarour.*

Son vivier poli conservait sa limpidité ; — ses paons verts se pavanaient superbes ; — son jardin de roses avait la même odeur ; — et, deux à deux, ses blancs cygnes hantaient le vivier poli et toujours limpide.

Guihèn Bonaparte-Wyse.

Accord de l'adjectif qualificatif qui se rapporte à plusieurs noms.

223. L'adjectif qui qualifie deux noms masculins se met au masculin pluriel :

Un teatre e un pont ROUMAN un théâtre et un pont romains.

224. L'adjectif qui qualifie deux noms au féminin se met au féminin pluriel :

La tanto e la nèço AVENÈNTO la tante et la nièce avenantes.

225. Si l'adjectif qualifie deux noms, l'un au masculin et l'autre au féminin, il est au pluriel :

L'oustesso e l'oste DILIGÈNT l'hôtesse et l'hôte diligents.

226. Quand les noms ont à peu près la même signification, l'adjectif qui les qualifie s'accorde avec le dernier :

Eis un esperit, uno inteligènço VIVO. C'est un esprit, une intelligence vive.

227 Cette règle d'accord avec le dernier nom s'applique aussi :

1° A l'adjectif qui suit deux noms unis par la conjonction *o,* lorsqu'il y a exclusion du premier :

A fa provo d'un courage o d'une adresso AMIRABLO. Il a fait preuve d'un courage ou d'une adresse admirable.

2° A l'adjectif précédé de plusieurs noms placés par gradation :

A uno dispousicioun, un atrincamen, un ordre AMIRABLE. Il a une dispostion, un arrangement, un ordre admirable.

Accord de l'adjectif avec les expressions collectives.

228. L'adjectif qui qualifie une expression collective s'accorde tantôt avec le collectif, tantôt avec le complément de ce collectif, selon le sens donné à l'expression :

Uno couleicioun de parpaioun JAUNE. Une collection de papillons jaunes.

L'adjectif jaune se rapporte évidemment à papillon :

Uno couleicioun de couquiho COUMPLÈTO *pèr la Mar-d'entre-terro*. Une collection de coquilles complète pour la Mediterranée ; ici c'est la collection qui est complète.

REMARQUE. Si les noms sont de différents genres, l'adjectif qui s'y rapporte est toujours au masculin pluriel : *Acampon de figo o d'ambricot crus*. Ils amassent des figues ou des abricots crus.

Adjectif précédé de agué l'èr.

229. L'adjectif placé après *agué l'èr* s'accorde avec le mot *èr* ou le sujet du verbe suivant le sens :

Aquelo boumiano A L'ÈR FAUS. Cette bohémienne a l'air faux.

Faus s'accorde avec *èr* parce qu'il n'y a que l'apparence, l'*èr* qui soit faux.

Aquelo chato A L'ÈR DOUÇO. Cette jeune fille a l'air douce. Elle l'est réellement, *douço* doit donc qualifier le sujet de de la proposition.

REMARQUE. Si le verbe a pour sujet un nom d'être inanimé, l'adjectif s'accorde presque toujours avec ce nom :

Aquéli pastèco AN L'ÈR *bèn* MADURO. Ces pastèques ont l'air bien mûres.

230. Les noms de couleur servant d'adjectifs sont invariables: *de riban* ARANGE *(coulour de l'arange)* des rubans orange.

LOCUTIONS ADJECTIVES.

231. Pour déterminer l'accord des locutions adjectives on considère chaque adjectif séparément, et on le met au genre et au nombre du nom qualifié :

Uno sabour DOUÇO-AMARO (*sabour douço e amaro*) une saveur douce-amère; *Uno miougrano* AIGRO-DOUÇO (*aigro e douço*) une grenade aigre-douce.

REMARQUES. I. Dans chacune des locutions adjectives suivantes: *Uno cabeladuro* CASTAN CLAR une chevelure châtain clair, *de tafatas* BLU TENDRE des taffetas bleu tendre, *de sedo* ROSO FOUNSA de la soie rose foncé, le premier terme désignant la couleur est substantif, et le second est un adjectif qui le qualifie.

II. Certains mots invariables font quelquefois partie des locutions adjectives :

Lis AVANS-*darriéri pajo* les avant-dernières pages ; *la* CONTRO-*partido* la contre-partie.

III. Dans certaines locutions adjectives, en français, le participe est précédé d'un adjectif qui le modifie et devient adverbe; en provençal, on emploie alors l'adverbe qui suit toujours le participe : *De luzerno samenado claramen* de la luzerne clair-semée ; *de margarideto culido de fres* des pâquerettes frais-cueillies.

232. *Mié*, demi varie pour le genre seulement dans une locution adjective, ou lorsqu'il est placé après le nom :

En MIEJO-*luno* en demi-lune ; *une liéuro e miejo* une livre et demie.

ADJECTIFS DÉTERMINATIFS.

Article.

233. L'article reçoit le genre et le nombre du nom qu'il détermine.

Lou paumié le palmier, LA *taulo* la table, LI *dàti* les dattes.

REMARQUES. I. On dit cependant avec emphase :

LI *Sabran*, LI *Sufren an enlusi* LOU *miejour*. Les Sabran, les Suffren ont illustré le midi, quoique ces deux noms propres soient au singulier.

II. On n'emploie pas, dans ce cas, l'article pluriel devant un seul nom.

Adjectifs démonstratifs.

234. L'adjectif démonstratif se met au genre et au nombre du nom qu'il détermine :

> *Veiras la fin d'*AQUELO *fèsto,*
> *Li nivo dins toun cèu vendran ;*
> AQUÉLI *flour se passiran...*

Tu verras la fin de cette fête, — les nuages dans ton ciel viendront ; — ces fleurs se flétriront.

Jóusè ROUMANILLE.

REMARQUE. Tous les autres adjectifs déterminatifs suivent la même règle d'accord.

PRONOM

235. Le pronom personnel et les pronoms déterminatifs s'accordent en genre et en nombre avec les mots dont ils tiennent la place :

> EU *noun aguè cesso ni pauso.*
> *Ah ! jamai trop vertu* SE *lauso,*
> *E jamai trop lou mau poudrié* SE *cabussa !*

Lui n'eut ni trêve ni repos. — Ah ! la vertu n'est jamais trop louée, — le mal ne serait jamais trop abaissé !

Fèlis GRAS.

VERBE

236. Le verbe s'accorde en genre et en nombre avec son sujet :

> I'A *'no pichoto erbo au founs de la Nesco :*
> *Perdudo, à l'abri,*
> *Dins l'asclo di ro que l'oumbro* ENMOURESCO,
> ESPANDIS *sa desco,*
> *Sèns* CREGNE *jamai la dènt di cabrit.*

Une petite herbe est au fond de la Nesque : — perdue, abritée — dans la fente des rocs que l'ombre voile, — elle épanouit sa corbeille, — sans craindre jamais la dent des chevreaux.

Ansèume MATHIEU.

237. Lorsque le verbe a deux sujets au singulier, on le met au pluriel :

La caio e la perdris cantavon sus lou coutau. La caille et la perdrix chantaient sur le coteau.

238. Si les sujets sont de différentes personnes, le verbe se met au pluriel de la personne qui a la priorité ; celle-ci appartient à la première, et, à son défaut, c'est la deuxième qui détermine l'accord personnel.

Vous o ièu SAREN *jamai dessepara.* Vous et moi ne serons jamais séparés.

239. Quoiqu'il y ait plusieurs sujets au singulier, le verbe ne se met pas au pluriel dans les cas suivants :

1° Lorsque ces sujets sont synonymes :

La fe, la vivo cresènço di Prouvençau n'en A *fa uno nacioun inmourtalo.* La foi, la vive croyance des Provençaux en a fait une nation immortelle.

2° Lorsque les sujets sont placés par gradation ascendante ou descendante :

Soun intencioun, sa voulounta se COUMPLIGUÈ. Son intention, sa volonté s'accomplit.

3° Quand une expression collective renferme tous les sujets en un seul :

Castèu, palais, cabano, tout PERIGUÈ *dins l'encèndi.* Château, palais, cabane, tout périt dans l'incendie.

4° Si les sujets sont unis par une expression conjonctive, telle que : *coume, de meme que, autant bèn que,* etc. :

*Lou biòu, coume lou chivau, s'*ATALO *à l'araire.* Le bœuf, comme le cheval, est attelé à la charrue.

REMARQUE. *Biòu* est réellement le seul sujet de *atalo* et *chivau* le sujet d'un autre verbe *atalo* sous-entendu.

Sujets liés par les conjonctions ni, o.

240. Lorsque les sujets sont liés par les conjonctions *ni, o,* ils appartiennent à deux propositions distinctes dont l'une est exprimée entièrement, et l'autre a le verbe et l'attribut sous-entendus. Le verbe s'accorde avec le sujet le plus rapproché :

Ni la caud ni la fre AURA *pouscu lou faire cala dins soun entrepresso.* Ni la chaleur ni le froid n'aura pu le faire céder dans son entreprise.

REMARQUE. Si l'on considère les sujets comme devant agir ensemble, le verbe s'accorde avec tous ces sujets et se met au pluriel : *Ni la crento ni la pòu l'*EMPACHARAN *de coumpli la lèi.* Ni la crainte ni la peur ne l'empêcheront d'accomplir la loi.

Si les sujets sont de différentes personnes, on met le verbe au pluriel.

Tu o toun fraire PARTIRÉS. Toi ou ton frère partirez.

On devrait éviter d'unir par ces conjonctions deux sujets de différents nombres ou de différentes personnes, parce qu'il y a une ellipse vicieuse.

Collectifs sujets.

241. Le verbe qui a pour sujet une expression collective partitive, s'accorde en général avec le complément du collectif :

Uno troupo d'esclau SOUN ESTA COUNDU *dins l'anfiteatre.* Une troupe d'esclaves ont été conduits dans l'amphithéâtre.

L'idée dominante qui détermine l'accord est celle d'*esclau.*

242. Lorsque cette expression est un collectif général, le verbe s'accorde le plus souvent avec le nom collectif :

La foulo di martir ÈIS *uno provo de la verita dóu Crestianisme.* La foule des martyrs est une preuve de la vérité du Christianisme.

REMARQUE. L'expression collective *la majo part, la plus-part* la plupart exige que le verbe soit au pluriel.

La MAJO PART *di grands ome* AN AGU *d'auvàri.* La plupart des grands hommes ont éprouvé des malheurs.

L'accord, différant des exemples ci-dessus, est déterminé par l'idée dominante dans l'expression collective.

Uno lèio de pibo PARTEJAVO *nòsti champ.* Une allée de peupliers partageait nos champs.

Le sens indique clairement que, l'idée de *lèio* étant dominante, ce nom est le sujet de *partejavo*.

Verbes ayant pour sujet le pronom conjonctif QUE (qui, que).

243. Le verbe dont le sujet est *que* s'accorde avec l'antécédent de ce pronom :

> *L'un sus l'autre apiela, partissènt joio e peno,*
> *Grandissès mis anjoun! La man qu'aro vous meno*
> *Pòu vous manca deman!*

L'un sur l'autre appuyés, partageant peine et joie, — grandissez mes petits anges! La main qui vous conduit à présent —
peut vous manquer demain.

Auzias. Jouveau.

Es tu que VENIÉS. C'est toi qui venais. *Eis éu que*
SALUDÈ. C'est lui qui salua.

244. Lorsque plusieurs noms peuvent servir d'antécédent au pronom *que* on fait accorder le verbe avec celui
qui attire le plus l'attention :

La cardelino èis un d'aquélis aucéu que CANTON *tant
bèn.* Le chardonneret est un de ces oiseaux qui chantent si
bien.

Infinitifs sujets.

245. Un verbe qui a pour sujets plusieurs infinitifs se
met au pluriel.

ESCRIÉURE *e* LEGI SOUN *touto soun obro.* Lire et écrire
sont tout son travail.

Cependant si les infinitifs exprimaient des idées inséparables le verbe resterait au singulier :

Bèn faire e leissa dire ÈI *d'un sàvi.* Bien faire et
laisser dire est d'un sage.

Adverbes sujets.

246. Les adverbes de quantité *forço, mens, proun,
trop* suivis d'un complément font accorder le verbe avec ce
complément :

Forço gènt SOUN *meiour que ço que parèisson.*
Beaucoup de gens sont meilleurs que ce qu'ils le paraissent.

PARTICIPES.

Participe présent.

247. Le participe présent reste toujours invariable.

La lus GISCLANT *d'un nivo.* La lumière jaillissant d'un nuage.

248. Ce participe devient adjectif verbal et varie lorsque, n'exprimant plus une action passagère, il désigne un fait durable, un état permanent :

La lus ESBLÉUGISSÈNTO *dóu soulèu,* la lumière éblouissante du soleil.

Distinction entre le participe présent et l'adjectif verbal.

REMARQUE. Le participe présent diffère par le sens de l'adjectif verbal, et on le reconnaît :

1° A ce qu'il peut avoir un complément direct :

l'avié 'no pastrihouno MARCANT *sis agnèu.* Il y avait une petite bergère marquant ses agneaux.

Dans l'exemple suivant *marcant* est un adjectif verbal parce qu'il n'a pas et ne peut avoir de complément direct ;

Miloun de Croutouno èis uno obro MARCANTO. Milon de Crotone est une œuvre remarquable.

2° A la préposition *en* dont il peut être précédé :

Li bràvis enfant soun urous en OUBEÏSSÈNT. Les enfants sages sont heureux en obéissant.

3° A ce qu'on peut le remplacer par le conjonctif suivi d'un verbe attributif :

Li mouissau VOUNVOUNANT *dardaiavon au calabrun.* Les moucherons bourdonnant dardaient au crépuscule.

Vounvounant, c'est-à-dire *que vounvounavon.*

PARTICIPE PASSÉ.

Participe passé avec l'auxiliaire ÈSTRE.

249. Le participe passé conjugué avec l'auxiliaire *èstre* s'accorde en genre et en nombre avec le sujet du verbe :

En pregant coume es RECÚLIDO !

En priant comme elle est recueillie !

Lou canoúnge AUBERT.

250. Les participes des verbes réfléchis ainsi que ceux des verbes passifs suivent cette règle :

Se soun RETIRADO *i champ*. Elles se sont retirées à la campagne.

Aquelo miolo èro MENADO *pèr un escudié*. Cette mule était conduite par un écuyer.

251. Le même accord a lieu pour les verbes neutres conjugués avec *èstre* :

Soun PARTIDO *aïèr pèr la fiero*. Elles sont parties hier pour la foire.

REMARQUE. L'auxiliaire *èstre* est quelquefois sous-entendu:

Talo causo (estènt) SUPAUSADO, *la defènso de l'acusa vendra mai dificilo*. Telle chose (étant) supposée, la défense de l'accusé deviendra plus difficile.

Participe passé conjugué avec l'auxiliaire AVÉ.

252. Le participe passé conjugué avec l'auxiliaire *avé* s'accorde avec le complément direct lorsqu'il en est précédé ; il reste invariable si le complément est après ou s'il n'en a pas.

Lis amouro qu'an ACAMPADO. Les mûres qu'on a amassées.

An AGUSA *li lanço*. On a aiguisé les lances.

An TRAVESSA. Ils ou elles ont traversé.

REMARQUES. I. L'auxiliaire *avé* est quelquefois sous-entendu.

EICETA *(aguènt eiceta) la Catalougno, couneissèn ges de prouvinço espagnolo*. Excepté la Catalogne, nous ne connaissons point de province espagnole.

Si le nom était avant le participe, il faudrait sous-entendre l'auxiliaire *èstre* : *La Catalougno* EICETADO *(estènt eicetado)*. La Catalogne exceptée.

II. Le participe passé suivi d'un infinitif s'accorde selon la règle générale ; mais il faut distinguer si ce participe a pour complément l'infinitif ou le pronom :

La loubo qu'avèn VISTO *courre*. La louve que nous avons vue courir. (On a vu la louve qui faisait l'action de courir).

On peut alors remplacer l'infinitif par le participe présent *visto* COURRÈNT).

La loubo qu'avèn VIST *prene*. La louve que nous avons vu prendre ; ici le complément direct est l'infinitif et on ne pourrait pas dire : *qu'avèn visto prenènt*.

III. Le participe *fait* suivi d'un infinitif est toujours invariable, parce qu'il a cet infinitif pour complément direct:

Li carreto qu'an fa PASSA *sus lou pont l'an esbranda*. Les charrettes qu'on a fait passer sur le pont l'ont ébranlé.

IV. *Autant de, quant de, que de*, formant un complément direct avec le nom dont ils sont suivis, font accorder le participe ; cet accord n'a pas lieu avec un pronom :

Autant de barco se soun APROUCHADO, *autant n'an* COULA *à founs*. Autant de barques se sont approchées, autant on en a coulé à fond.

V. Après *degu, pouscu, vougu*, on sous-entend quelquefois un infinitif ; celui-ci étant le complément direct, il n'y a pas d'accord :

An realisa touti li bónis obro qu'an POUSCU (*realisa*). Ils ont réalisé toutes les bonnes œuvres qu'ils ont pu.

VI. Lorsque *lou* (*l'*) tient la place d'un membre de phrase le participe s'accorde avec ce mot:

La mort dóu Criste fuguè coume li proufecìo l'avien ANOUNCIA (*l'* est mis pour *que sarié*). La mort du Christ fut comme les prophéties l'avaient annoncé.

VII. *Lou pau de*. Lorsque le participe a pour complément direct *que* tenant la place de *lou pau de* suivi d'un nom, l'accord a lieu avec le mot qui renferme l'idée dominante ; tantôt elle est dans le collectif *lou pau*, tantôt elle est dans le nom qu'il précède :

Lou pau de mounedo qu'an PRESSO *i'a sufi*. Le peu de monnaie qu'ils ont prise leur a suffi. *Presso* s'accorde avec *mounedo* parce que c'est l'idée dominante ; il y a suffisance.

Lou pau de satisfacioun qu'an REÇAUPU *lis a desgousta*. Le peu de satisfaction qu'ils ont reçu les a dégoûtés. *Reçaupu* est invariable parce que l'idée dominante est celle de *pau* ; il y a insuffisance.

VIII. Les participes passés des verbes accidentellement réfléchis s'accordent comme s'ils étaient conjugués avec *avé* :

S'es COUPADO. Elle s'est coupée. *S'es* COUPA *la man*. Elle s'est coupé la main.

IX. Les participes passés des verbes intransitifs sont invariables parce qu'ils n'ont pas de complément direct :

An PARTI *qu'èro miejour*. Ils sont partis qu'il était midi.

Si le verbe intransitif était employé activement, on ferait accorder le participe :

La lengo qu'an PARLADO *es richo*. La langue qu'ils ont parlée est riche.

X. Les participes passés des verbes impersonnels ne varient jamais :

Li gròssi calour qu'a FA. Les grandes chaleurs qu'il a fait.

CHAPITRE II

COMPLÉMENT

253. Les mots qui peuvent avoir un complément sont le nom, l'adjectif, le pronom et le verbe.

COMPLÉMENT DU NOM.

254. Le complément du nom est un autre nom ou un verbe à l'infinitif ; ils sont ordinairement liés au substantif par la préposition *de*. Ce complément s'appelle déterminatif :

Lis erso DE LA MAR *boumbissien*. Les vagues de la mer bondissaient.

I'a uno maniero DE PARLA *qu'èi sèmpre counvenablo*. Il y a une manière de parler qui est toujours convenable.

255. Le nom qui a un complément garde souvent la préposition du verbe dont il est formé :

La soumessioun A *l'autourita (se soumetre à)* la soumission à l'autorité.

256. Une même préposition sert à unir plusieurs compléments quand il n'y a qu'un rapport :

Lou siuen, l'afecioun d'uno maire PÈR *sis enfant soun amirable.* Le soin, l'affection d'une mère pour ses enfants sont admirables.

257. S'il y a des rapports différents, il faut mettre devant chaque complément la préposition du rapport qui lui est propre :

Vous fasèn assaupre noste sejour EN *Arle e nosto partènço* D'*aquelo cièuta.* Nous vous faisons connaître notre séjour dans Arles et notre départ de cette cité.

Nombre des noms qui sont compléments d'autres noms.

258. Le nom indéterminé joint à un autre nom par la préposition est ordinairement au singulier :

De trounc de PIBO des troncs de peuplier.

On dirait cependant : *un panié de* PESSÈGUE un panier de pêches. Ici le complément est au pluriel parce qu'il faut plusieurs pêches pour remplir un panier.

259. Le nom déterminé joint à un autre nom par la préposition est pluriel :

De trounc de PIBO *rassa* des troncs de peupliers sciés.

COMPLÉMENT DE L'ADJECTIF QUALIFICATIF.

260. Le complément est joint à l'adjectif qualificatif par la préposition du rapport exprimé :

Bon PÈR *touti* bon pour tous, *tardièu* A *l'obro* tardif à l'ouvrage, *digne* D'*elògi* digne d'éloge.

261. Le sens de l'expression est quelquefois modifié par le changement de la préposition :

Es propre A *rèn* signifie il n'a aucune habileté.

Es propre PÈR *rèn* se dit de celui qui ne sait rien faire, mais qui deviendrait capable de quelque chose en s'y préparant.

262. Le verbe à l'infinitif peut être aussi complément de l'adjectif:

Ei lèst à PARTI. Il est prêt à partir.

REMARQUE. L'attribut d'un verbe impersonnel n'a pas de complément :

Ei bas de flateja li grand. Il est bas de flatter les grands. *Flateja* est le sujet de *ei*, et *de* est employé comme préposition euphonique.

263. La préposition doit convenir à tous les mots qu'elle fait rapporter à l'adjectif. Il serait incorrect de dire :

Aquéu magistrat èro utile e ama DE *la ciéuta.* Ce magistrat était utile et aimé de la cité. Il faut à chaque rapport une préposition particulière : *Aquéu magistral èro utile* A *la ciéuta e n'èro ama (ama* DE *la ciéuta).*

COMPLÉMENT DU PRONOM.

264. Il n'y a que le pronom démonstratif et le pronom indéfini qui puissent avoir un complément; il est toujours mis en rapport avec le pronom par la préposition *de* :

Lou port de Marsihó passo aquéu DE *Geto; chascun* D'*éli pamens a uno grando impourtanço.* Le port de Marseille surpasse celui de Cette; chacun d'eux cependant a une grande importance.

COMPLÉMENTS DU VERBE.

265. On sait que le verbe est susceptible d'avoir trois sortes de complément: le direct, l'indirect et le circonstanciel.

Complément direct.

266. Le complément direct n'a aucune marque distinctive en provençal ; il est placé ordinairement après le verbe :

Canten la TERRO, *nosto maire*
Qu'adus lou BLAD, *lou* RASIN *agradiéu.*

Chantons la terre notre mère, — qui produit le blé, le raisin
charmant.

Marius GIRARD

267. Par euphonie on fait quelquefois précéder le
complément direct de la préposition *de* :

.*Long dóu camin*
Chasque bouissoun jito DE *roso.*

Le long du chemin — chaque buisson jette des roses.

Roumié MARCELIN.

Cerques DE *jouga.* Tu cherches à jouer.

REMARQUE. Un même mot peut servir de complément à
plusieurs verbes :

Amo e lauso la FRANÇO. Aime et loue la France.

Complément indirect.

268. Le complément indirect est généralement exprimé
avec les prépositions *de* et *à ;* la première marque un
rapport de provenance ou de dérivation ; la seconde, un
rapport de tendance ou de destination :

Aquelo barco d'arange VÈN *de Maiorco.* Cette barque
d'orange vient de Majorque.

Douno DE *bon counsèu.* Il donne de bons conseils.

269. Le sens du verbe est modifié par le changement des
prépositions :

Coumenço A *faire niue.* Il commence à faire nuit.

Lou cèu coumenço DE *s'esclargi.* Le ciel commence de
s'éclaircir.

Avec la préposition *à* l'action commencée est plus sûre,
elle doit atteindre son accomplissement ; la préposition *de*
n'exprime pas autant de certitude.

270. On doit éviter de répéter le même complément :

Eis au baile que se remetran lis ensigne (et non *en
quau se remetran).* C'est au bailli qu'on remettra les in-
signes.

Compléments circonstanciels.

271. Les compléments circonstanciels répondent généralement aux questions: *perqué? quouro? mounte? coume?* qui demandent la cause ou le but, le temps, la manière et le lieu.

La cause.

272. Les prépositions *à, de, pèr* sont employées pour désigner un rapport de cause :

Fai un vènt A *tout roumpre.* Il fait un vent à tout rompre.

Soun mort DE *fam.* Ils sont morts de faim.

Aquéli tablèu soun esta pinta PÈR *Ouràci Vernet.* Ces tableaux ont été peints par Horace Vernet.

273. *A* est employé avec un usage habituel et *pèr* avec celui qui est accidentel.

Machino A *courdura.* Machine à coudre.

Veici uno machino PÈR *fiela vosto sedo.* Voici une machine pour filer votre soie. (On ne se sert pas habituellement de cette machine pour filer la soie.)

274. *De* s'emploie avec un rapport vague et *pèr, pèr-fin de* avec une intention précise, un projet bien arrêté :

Se crèi DE *gari.* Il croit qu'il pourra se guérir.

Anara i ban de mar PÈR (OU PÈR-FIN DE) *se gari.* Il ira aux bains de mer pour se guérir.

Le temps.

275. Les compléments circonstanciels de temps répondent à la question : *quouro?*

Les principales prépositions qui servent à les former sont: *à, avans, après, davans, dins, en, quand, quouro, vers.*

A l'aubo erian sus lou Ventour. A l'aube nous étions sur le Ventour.

> *En caniculo, ges d'eicès ;*
> *En tout tèms, ges de proucès.*

En canicule point d'excès ; — en tout temps point de procès.

Remarque. On pourrait supprimer la préposition et dire: *La cigalo canto l'estiéu* (dins *l'estiéu*). La cigale chante l'été.

Se leva matin. Se lever (dès le) matin.

276. Dans *auren acaba* a *tres ouro,* le complément circonstanciel désigne le moment précis de trois heures; *en tres ouro* marquerait l'espace, la durée de trois heures; *dins tres ouro,* la fin des trois heures écoulées; *avans tres ouro,* un instant avant cette fin et *après tres ouro,* un moment qui suivrait les trois heures.

277. *Dins, enterin, d'enterin, entanterin* marquent la simultanéité d'action, mais le premier désigne quelquefois vaguement l'époque et le second, un temps précis :

Dins *lou vieiounge, i'a proun plasé pèr l'ome vertuous.* Dans la vieillesse, il y a assez de plaisirs pour l'homme vertueux.

Entanterin *que lou soulèu trecoulavo, aubouravian nòsti tèndo.* Pendant que le soleil disparaissait derrière la colline, nous élevions nos tentes.

278. *Durant* exprime la simultanéité continue.

Durant *l'ivèr* ou *l'ivèr* durant *restavian à la vilo..* L'hiver durant nous demeurions à la ville.

279. Le complément circonstanciel de temps est aussi exprimé par l'adverbe :

De-fes *quau chausis trop pren lou pire.* Quelquefois qui choisit trop prend le pire.

La manière.

280. Les compléments circonstanciels de manière répondent à la question: *coume?*

281. Les principales prépositions de ce complément sont : *à, de, emé, pèr* (par), *sus, subre.*

282. *A* marque une manière habituelle et *emé* celle qui est accidentelle :

Pescon au *fielat.* Ils pêchent au filet.

Pescon emé *la man.* Ils pêchent avec la main.

283. *A* exprime aussi un jugement à première vue et peu approfondi ; *pèr* donne au rapport de manière plus de certitude et d'importance.

A *soun dire sèmblo que tout es facile.* A son dire il semble que tout est facile.

284. *De* est employé pour marquer ce qui est habituel, vague, peu soutenu ; *sus, subre,* s'emploient dans les cas contraires.

L'aucelet batié l'èr DE *sis alo.* Le petit oiseau battait l'air de ses ailes.

Parlo DE *touto l'istòri.* Il parle de toute l'histoire.

La serp se tenié drecho sus *sa co.* Le serpent se tenait droit sur sa queue.

Camouin èi l'autour d'uno epoupèio sus *li descuberto di Pourtugués.* Camoëns est l'auteur d'une épopée sur les découvertes des Portugais.

285. L'adverbe peut servir de complément circonstanciel de manière : *Landavon* FIERAMEN *sus si destrié poussous.* Ils couraient fièrement sur leurs destriers poudreux.

Le lieu.

286. Les compléments circonstanciels de lieu répondent à la question : *mounte ?*

287. Les principales prépositions servant à former ces compléments sont : *à, de, dins, en, pèr :*

> *Cregne ni l'auragan, ni lou tron, ni l'uiau,*
> *Gandirai moun envanc i campas celestiau.*

Je ne crains ni l'ouragan, ni la foudre, ni l'éclair ; — j'élèverai mon essor jusqu'aux plaines célestes.

Jan-Batisto Gaut.

288. *En* peut désigner un ensemble ou une partie de pays :

Eis EN *Prouvènço e vai souvènt* EN *Arle.* Il est en Provence et il va souvent à Arles.

289. *Dins* sert plutôt à indiquer un lieu restreint et circonscrit : —

L'avé se repauso DINS *li cledo dóu pargue*. Le troupeau se repose dans les claies du parc.

290. L'adverbe est employé comme complément circonstanciel de lieu.

PERTOUT *e pèr tóuti lusis la gaio souleiado*. Partout et pour tous luit le gai rayonnement du soleil.

291. Une même proposition peut avoir plusieurs compléments circonstanciels : *Uno troupelado banarudo, de-vèspre* (1), *galoupavo vèntre à terro* (2) *dins lis enga-no* (3), *pèr fugi* (4) *lou ferun*. Un troupeau de bêtes à cornes, le soir, galoppaient ventre à terre dans les salicor-nes, pour fuir les bêtes féroces.

1. Complément circonstanciel de temps. — 2. De ma-nière. — 3. De lieu. — 4. De but.

Place des compléments.

292. Le complément, soit direct, soit indirect, se place ordinairement après le verbe.

Mandaran UNO LETRO AU CONSE. On enverra une lettre au Consul.

293. Le pronom complément est placé avant le verbe :

A grand cop de matras LOU *durbiren beléu.*

A grands coups de massue nous l'ouvrirons peut-être

Vitour LIEUTAUD.

T'ensignaran lou mas. On t'indiquera la maison de campagne.

REMARQUE. Cette inversion n'a pas lieu à l'impératif, ex-cepté quand il y a négation :

Remèmbro-TE *l'ounour de ti rèire*. Rappelle-toi l'hon-neur de tes ancêtres.

Lou destourbes pas. Ne le détourne pas.

294. Lorsqu'un verbe a deux compléments, l'un direct et l'autre indirect d'égale longueur, le complément direct se place le premier :

An baia de sòu I PAURE. On a donné des sous aux pauvres.

295. Dans l'autre cas le plus long complément est mis le dernier :

Subran pareiguè sus lis erso l'esquinau d'un làmi espetaclous. Soudain parut sur les vagues le dos d'un requin monstrueux.

296. Si les compléments sont deux pronoms, il faut énoncer d'abord celui qui représente les personnes :

*Adus-*ME-*lou.* Apporte-le-moi. *Sèr-*NOUS-*la.* Sers-la-nous, *fiso-*TE-*ié.* Confie-toi à cette personne (ou à cette chose).

> *Moun Diéu ! rendès-ié tout, dins l'eterne soulas !*
> Mou Dieu ! rendez-lui tout dans le repos éternel !
>
> Zéno IMBERT.

On dit aussi : *Crèi-te-lou.* Crois-le. *Espéro-te-lou.* espère-le.

CHAPITRE III

EMPLOI PARTICULIER DES MOTS

NOM.

297. Le nom a quatre fonctions grammaticales ; il peut être sujet, attribut, complément, mis en apostrophe ou en apposition.

> *Sus lou* CRESTEN *de la* MOUNTAGNO
> *L'*AUBO *fai resplendi la* NÈU.
>
> Sur la crête de la montagne, — l'aube fait resplendir la neige.
>
> Roso-Anaïs ROUMANILLE.

Aubo est sujet, *nèu, cresten* et *mountagno* sont compléments :

Prouvençau e Rouman soun FRAIRE. Provençaux et Roumains sont frères. *Fraire* est attribut.

> *Oh! que dis Aup sies liuencho,* BARTALASSO,
> *E quant dóu Tèmple es liuen noste Atenèu!*

Oh! que tu es éloignée des Alpes, Barthelasse, — Et combien notre Athénée est éloigné du Temple !

Leoun de BERLUC-PERUSSIS.

Bartalasso est mis en apostrophe.

298. On dit qu'un mot est mis en apostrophe lorsqu'il sert pour adresser directement la parole.

299. Un mot est mis en apposition quand il modifie un autre nom :

Reinié, rèi de Prouvènco, èro ama de soun pople. René, roi de Provence, était aimé de son peuple.

Rèi est mis en apposition.

REMARQUE. Les noms dans cette fonction sont indépendants de ceux qu'ils modifient ; ils n'en prennent ni le genre ni le nombre :

Li mouissau, BANDO *terriblo, dardaiavon sis aguïoun.* Les moucherons, bande terrible, dardaient leurs aiguillons.

ADJECTIF

Adjectif qualificatif.

300. L'adjectif qualificatif employé comme substantif reste au masculin singulier :

Lou BÈU *èi lou* LAID, *e lou* LAID *èi lou* BÈU *pèr lis esperit faus.* Le beau est le laid, et le laid est le beau pour les esprits faux.

301. L'adjectif qualificatif employé adverbialement est toujours invariable :

Aquélis alabardo se tènon DRE. Ces hallebardes se tiennent droit.

302. Il ne faut pas confondre *mié* avec *mita ;* le premier est adjectif et il accompagne toujours le nom ; le second est un substantif, faisant partie d'une locution adverbiale lorsqu'il n'est pas modifié par l'article :

Mié-pan demi-pan, *miejo-journado* demi-journée, *à mita-morto* à demi-morte, *la mita* la moitié, *mita-pleno* demi-pleine.

303. *Franc de port* a deux emplois ; dans le premier, *franc* est un attribut qui a pour complément *port* :

Li letro dèvon èstre FRANCO *de port.* Les lettres doivent être franches de port.

Dans le second, *franc* fait partir d'une locution adverbiale qui modifie le verbe attributif.

Mandaran FRANC DE PORT *li balo de garanço.* On enverra franc de port les balles de garance.

304. *Poussible* reste au masculin singulier lorsqu'il est attribut d'un verbe sous-entendu ; il est alors suivi de l'un des superlatifs *lou mai, lou mens, lou mies* :

Foucioun, generau atenian, s'estudiavo à parla emé lou mens de paraulo poussible. Phocion, général athénien, s'étudiait à parler avec le moins de paroles possible.

305. *Proche de* avec le verbe *èstre* exprimé ou sous-entendu, est ordinairement un adjectif accompagné de la préposition :

Li vilage PROCHE DI *cieuta soun mies plaça pèr s'aprouvesi.* Les villages proches des cités sont mieux placés pour s'approvisionner.

Avec un verbe attributif, il fait partie d'une locution prépositive :

L'an rescountra PROCHE DE *la font.* On l'a rencontré près de la fontaine.

Adjectifs déterminatifs.

306. L'article n'a qu'une fonction grammaticale ; il désigne que le nom est pris dans un sens déterminé.

307. Les noms de personnes et de villes généralement n'admettent pas d'article :

Ramound , comte de Toulouso Raymond , comte de Toulouse.

308. On emploie l'article devant les noms particuliers de continent, d'état, de province, de montagne, de mer, de cours d'eau et les autres expressions géographiques :

L'Americo l'Amérique , *l'Aquitàni* l'Aquitaine , *lou Leberoun* le Léberon, *la Mar latino* la Mer latine, *la Sorgo* la Sorgue.

309. Quelques noms d'îles sont aussi précédés de l'article, comme *la Corso* la Corse, *la Bartalasso* la Barthelasse ; mais la plupart le rejettent, comme *Lerins* Lérins, *Maiorco* Majorque.

310. L'article est employé ordinairement devant le nom qui suit un collectif général :

La foulo DI *païsan vièu urouso dins lou travai e dins la pas.* La foule des paysans vit heureuse dans le travail et dans la paix.

311. L'article est supprimé après le collectif partitif.

Uno troupo DE *gènt soun pèr carriero.* Une troupe de personnes sont dans la rue.

312. Les adverbes de quantité, avec le même rôle que les collectifs partitifs, ont aussi un complément privé de de l'article.

Que DE *jouvènt soun engana pèr çò que briho !* Que de jeunes gens sont trompés par ce qui brille !

L'article devant MIES ou MIÉUS, MENS, MAI ou PLUS.

313. Devant *mies* ou *miéus, mens, mai* ou *plus* on met *lou, la, li,* lorsqu'il y a comparaison entre plusieurs objets.

De tóuti li qualita, aquéli dóu cor soun LI *mai preciouso.* De toutes les qualités, celles du cœur sont les plus précieuses.

314. On met *lou* invariable, lorsqu'il s'agit d'une action ou d'une qualité qui, dans le même objet, est portée au plus haut degré :

Eis en pleno mar que li veissèu navegon LOU *mies.*
C'est en pleine mer que les vaisseaux naviguent le mieux.

315. *Lou, la, li* peuvent être mis devant un participe :
Adusès de bon fru ; voulèn pas LI *maca.* Apportez de bons fruits ; nous ne voulons pas ceux qui sont cotis.

316. On supprime l'article :

1° Devant les noms mis en apostrophe :

> *Ami, la pouësio es coume lou soulèu.*

Ami, la poésie est comme le soleil.

Teodor AUBANEL.

2° Dans les locutions proverbiales :

JOUGLAR *paga d'avanço fai doulènt son.* Musicien payé d'avance fait un triste son.

3° Dans les accumulations :

La jouvènto lis a souna : AGNELOUN, CABRIT, VAQUETO *la seguisson, voulountous.* La jeune fille les a appelés : agnelets, chevreaux, petites vaches la suivent, dociles.

4° Devant les noms mis en apposition :

Hòu ! de l'oustau, nouvè de Sabòli. Hè ! de la maison, noël de Saboly.

317. Dans l'exemple suivant et plusieurs autres analogues, le sens de l'expression est modifié par la suppression de l'article :

Eis uno òufro DÓU *Gascoun que couneissès.* C'est une offre du Gascon que vous connaissez.

Es uno òufro DE *Gascoun.* C'est une offre de Gascon.

La première expression signifie une offre faite par un Gascon ; au lieu que la dernière, *òufro de Gascoun,* désigne une offre faite légèrement par une personne quelconque.

Adjectif démonstratif.

318. L'adjectif démonstratif, comme l'article, se répète devant chaque nom :

> *Mando-me* D'AQUÉLI *flour,* D'AQUÉLI *frucho tant bello.*

Envoie-moi de ces fleurs, de ces fruits si beaux.

- Jùli BRESSON.

Il ne se répète pas quand il y a un second substantif désignant le même objet que le premier :

Aquelo ligno o MANOULIERO *èi morto.* Cette ligne ou rangée de vignes est morte.

Adjectif possessif.

319. La règle précédente est applicable à l'adjectif possessif.

320. On ne met pas l'adjectif possessif devant un nom dont la possession est déjà déterminée :

A mau is iue. Il a mal aux yeux ; au lieu de : A *mau à sis iue.*

Il y a exception pour ce qui est habituel ou périodique :
SA *fèbre lou quito pas.* Sa fièvre ne le quitte pas.

321. *Soun, sa* leur (d. 2 g.) sont employés avec un nom d'objet appartenant en commun aux possesseurs ; on met *si* leurs, quand il y a plusieurs objets désignés :

Lis enfant soun dins SA *chambro qu'aprenon* SI *leiçoun.* Les enfants sont dans leur chambre où ils apprennent leurs leçons.

322. *Soun, sa, si* ne déterminent un nom de chose que dans une même proposition :

Chasco pèiro a SA *marco.* Chaque pierre a sa marque.

323. Dans une autre proposition on les remplace par *n'en... li* :

Aquel aubre douno trop d'oumbro, N'EN *couparen* LI *branco.* Cet arbre donne trop d'ombre, nous en couperons les branches.

Adjectif numéral cardinal.

324. L'adjectif numéral cardinal s'emploie pour l'ordinal:
1° Dans les divisions de temps :
Noste-Segne èi mort un divèndre à TRES *ouro (à l'ouro tresenco).* Notre-Seigneur est mort un vendredi à trois heures.
2° Pour l'ordre de succession des souverains, excepté pour le premier d'une dynastie:

Leoun trege Léon XIII, *Jaume premié* Jacques 1ᵉʳ.

3° Quand on indique les divisions d'un ouvrage :

Chapitre cinq, paragrafe quatre. Chapitre cinq, paragraphe quatre.

Remarque. *Nòu* neuf a pour dérivé : *nounanto* quatre-vingt-dix.

Adjectif numéral ordinal.

325. *Premié* et *segound* sont seuls dans une expression numérale ; *unen* et *dousen* s'emploient avec les dizaines :

Lou premié, *lou* segound, *lou* vint-e-unen *e lou* trento-dousen *soun esta li numerò sourtènt.* Le premier, le second, le vingt-et-unième et le trente-deuxième ont été les numéros sortants.

Adjectif indéfini.

326. *Autre* se place habituellement devant le substantif :

Autre-tèms li guerro avien mai de durado. Autrefois les guerres avaient plus de durée.

Même.

327. *Meme* peut être adjectif ou adverbe. Il est adjectif lorsqu'il modifie un nom ou un pronom :

*Eu-*meme *a di la* memo *causo.* Lui-même a dit la même chose.

Lis escabot meme (ou *li mémis escabot) qu'avian vist soun revengu.* Les troupeaux mêmes que nous avions vus sont revenus.

328. *Meme* est adverbe quand il modifie un adjectif ou un verbe :

Se dèu oubeïssènço i gouvernaire meme *(que soun meme) coupable.* On doit obéissance aux gouverneurs même coupables.

La fre a jala meme *li pèiro.* Le froid a gelé même les pierres.

Lis ouficié, li soudard meme *fuguèron lausa.* Les officiers, les soldats même furent loués.

Li pu bèllis obro meme *an si defaut.* Les plus belles œuvres même ont leurs défauts.

329. L'adjectif indéfini *queto* perd quelquefois l'*o* du féminin devant une consonne : QUET *(queto) bugadiero !* Quelle lessiveuse !

Tout.

330. *Tout* peut être nom, adjectif, pronom ou adverbe :

1º Il est nom quand il désigne la totalité d'un objet :

Es pa lou TOUT *de se leva matin, fau parti à l'ouro.* Ce n'est pas le tout de se lever matin, il faut partir à l'heure.

2º Il est adjectif quand il modifie un nom ou un pronom :

TOUT *ome èi mourtau.* Tout homme est mortel.

TOUT *ço qu'eisisto provo l'eisistènci de Diéu.* Tout ce qui existe prouve l'existence de Dieu.

3º Il est pronom quand il tient la place d'un nom :

Vaqui vòsti papié, soun TÓUTI *marca.* Voilà vos papiers, ils sont tous marqués.

REMARQUE. *Tout,* placé devant un nom de ville, est adjectif et s'accorde avec le nom *pople* sous-entendu :

TOUT *(lou pople de) Marsiho l'aclamè.* Tout Marseille l'acclama.

4º Il est adverbe quand il modifie un adjectif ou un verbe :

Es tout aliscado, tout enfestoulido. Elle est toute polie, tout ornée de festons :

Cependant il prend un *o* ou un *i* euphonique devant un adjectif féminin commençant par une consonne :

Es TOÙTO *passido.* Elle est toute flétrie. *Soun* TÓUTI *vergougnouso.* Elles sont toutes honteuses.

5º *Tout* est encore adverbe dans les expressions : *tout en plõur* tout en pleurs, *tout en aio* tout empressée, et autres analogues.

REMARQUE. *Tout* devant *autre* est adjectif s'il n'y a pas le déterminatif *un.*

TOUTO *autro counsideracioun aurié mai de valour.* Toute autre considération aurait plus de valeur.

Si *tout* est précédé de *un,* il est adverbe :

Uno TOUT *autro coulour anarié mies.* Une tout autre couleur irait mieux.

PRONOM.

Pronom personnel.

331. *Iéu* peut signifier je et moi : Iéu, *anarai à toun oustau.* Moi, j'irai à ta maison. Iéu, *te lou dire, impoussible.* Moi, te le dire, impossible.

Me est exclusivement employé comme complément :
Me plais. Il me plait.

332. *Ié* sert de complément indirect pour les personnes et pour les choses :

Veici un paure, Ié *faren l'óumorno.* Voici un pauvre, nous lui ferons l'aumóne.

La ciéutadello es presso, i'an planta noste drapèu. La citadelle est prise, on y a planté notre drapeau.

Avec ce pronom, on n'exprime pas celui qui est complément direct :

Fau ié pourta la despacho. — Ié *pourtaran.* Il faut lui porter la dépêche. — On la lui portera.

333. *Ié* et *n'* (en) sont employés comme pronoms indéfinis lorsqu'ils tiennent la place d'une chose vague, indéfinie:

I'a forço plóuvino aquest an. Il y a beaucoup de gelées blanches cette année.

Me N'a *cousta de vous lou liéura.* Il m'en a coûté de vous le livrer.

Devant une consonne on met *n'en.*

Me N'EN *faudrié pèr me plagne.* Il m'en faudrait pour me plaindre.

S'il y a le pronom *ié,* on place celui-ci entre les deux parties du pronom *n' en. N'i'en faudrié.* Il lui en faudrait.

N' précède toujours le pronom de la 3ᵐᵉ personne :
N'i'a il y en a.

N', n'en sont employés par pléonasme dans des expressions comme les suivantes :

N'avèn ausi uno d'istòri, qu'èro di pu bello. Nous avons entendu une histoire qui était des plus belles.

N'en *vaqui un d'òrdi, qu'èi bèn grana.* Voilà une orge bien grenée.

Le substantif est alors précédé de la préposition *de.*

334. *Se* peut devenir complément d'un verbe à la première personne du pluriel.

*Acampen-*se ou *acampen-nous.* Réunissons-nous. *Entenden-se.* Entendons-nous. *Se veiren proun.* Nous nous verrons bien.

Pronoms déterminatifs.
Pronom article.

335. Le pronom article, tenant la place d'un adjectif, d'un participe ou d'un membre de phrase, est toujours au masculin singulier :

Sias proun fort? — Lou *sian.* Etes-vous assez forts? — Nous le sommes.

Soun averti? — *Noun, mai* lou *saran lèu.* Sont-ils avertis? — Non, mais ils le seront bientôt.

Dans l'exemple suivant, on fait accorder ce pronom avec le nom dont il tient la place :

Sias-ti li mandadou de l'emperaire? —Li *sian.* Etes-vous les mandataires de l'empereur? — Nous les sommes.

Remarques. I. Le pronom ne peut tenir la place d'un nom que lorsque celui-ci est déterminé :

A demanda sa gràci e l'*a outengudo.* Il a demandé sa grâce et il l'a obtenue. On ne pourrait pas dire: *A demanda gràci e* l'*a outengudo.*

II. Le pronom article, employé comme complément direct au pluriel des deux genres, a la forme *lei : Paguen-lei.* Payons-les.

Pronom démonstratif.

336. *Aquéu, aquest* et *aqueste,* se rapportant aux choses, exigent que le nom dont ils représentent l'idée soit exprimé:

Di dos pèço, prendrés aquesto *qu'ès pu raro.* Des deux pièces, vous prendrez celle-ci qui est plus rare.

337. Dans les sentences et les proverbes, on remplace *aquéu que* par *quau;* c'est ce qu'on appelle anacoluthe:

> Quau *vou prene dos lèbre à la fes,*
> *Souvènt n'en pren gés.*

Qui veut prendre deux lièvres à la fois, souvent n'en prend point.

Pronom possessif.

Les pronoms possessifs perdent quelquefois l'article qui les précède :

De quau èis aquéu vèsti? — *Es* siéu. De qui est ce vêtement? — Il est le sien.

338. *Lou miéu, lou tiéu, lou siéu* peuvent avoir un sens vague de parenté ou de propriété :

Rèsto emé li tiéu. Reste avec les tiens.

Eis urous d'èstre dins lou siéu. Il est heureux d'être dans le sien (son bien.)

339. On emploie *soun, sa* (leur) lorsque le nom est pris dans un sens collectif ou général.

Vesèn lis Arabe emë sa *caro bruno e soun abihage blanc.* Nous voyons les Arabes avec leur figure brune et leur habit blanc.

Lorsque le sens est distributif ou partitif, on emploie *si* (leurs).

Aquélis Arabe an si *caro grasihado dóu souléu.* Ces Arabes ont leurs figures grillées par le soleil.

340. Le pronom possessif devient quelquefois adjectif possessif; c'est quand il précède le nom :

Cleoun recoumandé soun fiéu à-n-un siéu *fraire nouma Danis.*

Cléon recommanda son fils à un (sien) frère nommé Denis.

Don Jan-Batisto Garnier

Pronom conjonctif.

341. *Quau*, précédé d'une préposition, ne se dit que des personnes.

Lou pa troun en quau *te fises.* Le patron en qui tu te confies.

342. *Lou quau* s'applique aux personnes et aux choses.

A counta forço causo meravihouso, li qualo *s'atrovon dins lis escrit de Nostradàmus.* Il a raconté beaucoup de choses merveilleuses, lesquelles se trouvent dans les écrits de Nostradamus.

Pronoms indéfinis.

343. Il faut que les pronoms conjonctifs se rapportent sans équivoque à leur antécédent :

I'a sus lou bord dóu Rose, un mas qu'èi louga pèr sièis mes. Il y a sur le bord du Rhône, un mas qui est loué pour six mois.

Il serait incorrect de dire : *I'a un mas sus lou bord dóu Rose qu'èi louga pèr sièis mes.*

344. *Autre, tau, tout* sont adjectifs indéfinis quand ils se joignent à un nom exprimé : *Autri tèms, àutris us* autres temps, autres usages ; *tàli fèsto* telles fêtes ; *tóuti li jour* tous les jours.

345. Ils deviennent pronoms indéfinis lorsqu'il ne sont pas suivis d'un nom exprimé :

Tout es crea pèr lou bèn de l'ome. Tout est créé pour le bien de l'homme.

346. *Rèn* signifie *chose*, comme dans le latin d'où il est tiré.

Que demandes? — Pas rèn. Que demandes-tu? — Rien.

En disant *demandes rèn* on sous-entend la négation *pas*.

347. *Quaucarèn* ou *quicon* quelque chose sont des pronoms indéfinis ; *quauco causo*, écrit en deux mots, est composé de l'adjectif indéfini *quauco* et du nom *causo* chose qu'il détermine.

348. Le pronom indéfini *on* est généralement inséparable de l'article.

L'on ou *on dis tant de causo, se falié tout crèire!* On dit tant de choses, s'il fallait tout croire !

349. Le pronom indéfini *ùni* est presque toujours précédé de la préposition *de :*

D'ùni dison ansin ; d'autre, diferentamen. Les uns disent ainsi ; d'autres, différemment.

Remarque. Les pronoms indéfinis: *quete, quente, quinte* quel, au pluriel *quéti, quénti, quìnti* quels servent, à interroger :

Quéti soun? Quels sont-ils ? *Li quénti?* Lesquels ?

VERBE.

Mode infinitif.

350. L'infinitif peut tenir la place d'une proposition; c'est lorsque celle-ci a le même sujet que le verbe déjà exprimé :

Pensavo TROUVA (*que trouvarié*) *la cabro d'or*. Il pensait trouver la chèvre d'or.

351. Par élégance, on emploie encore l'infinitif dans le récit :

> *Chivau e mióu de* COURRE
> *Lis iue tapa, l'escumo au mourre.*

Chevaux et mulets de courir, — les yeux bandés, l'écume au mufle.

Teodor AUBANEL.

352. Deux infinitifs peuvent se suivre, comme dans cet exemple :

Eis ana FAIRE POUDA *lis óulivié*. Il est allé faire émonder les oliviers.

353. L'infinitif étant, pour ainsi dire, le substantif du verbe, il en a les fonctions et peut être :

1° Sujet : CRIDA *es pas canta*. Crier n'est pas chanter.

2° Complément direct : *Pòu* GAGNA *lou rampau d'or*. Il peut gagner le rameau d'or.

3° Complément indirect : *S'óucupo à* DESRUSCA *li chaine*. Il s'occupe à écorcer les chênes.

4° « circonstanciel : *Acampo de bos pèr* FUSTEJA. Il ramasse du bois pour le travailler.

5° « déterminatif : *A l'avantage de* REÜSSI. Il a l'avantage de réussir.

6° Attribut : *Mouri pèr la patrio èi* VIÈURE *dins lou souveni naciounau*. Mourir pour la patrie, c'est vivre dans le souvenir national.

Mode indicatif.

354. Après les locutions conjonctives : *amor que, tant que, tre que* et autres analogues, le verbe est au mode indicatif :

Amor que SIES *vengu libramen, te n'en fasèn noste gramaci.* Puisque tu es venu librement, nous t'en remercions.

Temps présent.

355. Le présent est employé : 1º Pour exprimer ce qui a lieu dans tous les temps : *Lis ounour* CHANJON *lis ome.* Les honneurs changent les hommes.

2º Dans le récit, au lieu du passé, pour rendre l'expression plus vive :

> *Escapado autro-fes di celèsti frountiero,*
> *La folo aigo emplissié lou mounde ras-à-ras ;*
> *Mai contro elo dreissant un barri de coustiero,*
> *Diéu se* MOSTRO *e ié crido : Aqui t'arrestaras !*

Échappée autrefois des frontières célestes, — l'eau affolée emplissait le monde jusqu'aux bords : — mais contre elle dressant un rempart de falaises, — Dieu se montre et lui crie : LÀ tu t'arrêteras !

Aguste VERDOT.

3º Au lieu du futur, pour donner plus d'assurance :
Espèro-lou ; ES AQUI *dins quàuqui minuto.* Attends-le il est là dans quelques minutes.

Imparfait.

356. On emploie l'imparfait pour exprimer un usage ancien, une chose habituelle dans le passé, une action de longue durée.

A Roumo, li maufatan ÈRON *debaussa de la roco Tarpeiano.* À Rome, les criminels étaient précipités de la roche Tarpéienne.

Parfait défini et parfait indéfini.

357. La différence entre ces temps consiste en ce que le parfait défini est employé pour un temps précis et entièrement écoulé : *La semano passado,* EMPLIGUÈRON *li barrau.* La semaine passée, on emplit les barils; et le parfait indéfini, pour un temps qui est entièrement écoulé ou qui dure encore :

Vuei AN FA *uno bono journado.* Aujourd'hui ils ont fait une bonne journée.

358 On emploie le parfait indéfini pour le futur anté-

rieur quand on veut donner plus de certitude au prochain accomplissement d'une action :

Barres pas, AVÈN PASSA *dins rèn de tèms.* Ne ferme pas, nous avons passé en peu de temps.

359. Le parfait indéfini peut exprimer ce qui est de toutes les époques :

Sèmpre li loup AN DEVOURI *lis agnèu.* Les loups ont toujours dévoré les agneaux.

Futur antérieur.

360. Le futur antérieur remplace le passé indéfini lorsqu'on veut donner moins d'assurance au fait exprimé :

AURAN *pas reçaupu la nouvello, autramen sarien adeja eici.* Ils n'auront pas reçu la nouvelle, autrement ils seraient déjà ici.

Mode conditionnel.

361. On emploie le conditionnel :

1º Dans certaines exclamations :

SARIÉ *poussible !* Serait-il possible !

2º Pour adoucir l'expression d'une demande :

Vous PREGARIÉU *de i'acourda la retirado.* Je vous prierais de lui accorder l'hospitalité.

Mode impératif.

362. Le futur de l'indicatif se met quelquefois à la place de l'impératif, parce que celui-ci désigne plutôt une action à venir :

Lou dimenche, te REPAUSERAS *(repauso-te).* Le dimanche tu te reposeras.

363. L'*impératif* peut aussi remplacer le présent de l'indicatif, s'il y a supposition dans le fait :

Abaris un gropata, te crebara lis iue. Elève un corbeau, il te crèvera les yeux.

REMARQUES sur les verbes irréguliers. I. La forme *pascu* (*paisse agu*) du verbe *paisse* paître est inusitée; on emploierait plutôt au participe passé un autre verbe, comme *pasturga* paître.

II. *Mouse* prend aussi un accent grave sur l'*o* devant une syllabe muette : *mòuse* traire, et un accent aigu dans les autres cas : *móusènt* trayant.

ADVERBE.

Remarques sur l'emploi de quelques adverbes.

364. *Dedins, deforo, dessubre, dessouto* sont des adverbes et *dins, foro, subre, souto* sont des prépositions qu'on reconnaît au complément :

I'a dos ouro que soun deforo. Il y a deux heures qu'ils sont dehors.

Ei deforo la granjo. Il est hors de la grange.

Cependant ces mêmes adverbes sont employés comme prépositions lorsqu'ils expriment une opposition d'idée ou qu'ils sont précédés d'un mot invariable :

*Ei de pèr-*DESSOUTO *l'armàri.* Il est par-dessous l'armoire.

365. Lorsque le second terme d'une comparaison est énoncé le premier, on n'emploie pas *que* :

La luno es grando, la terro l'es mai. La lune est grande, la terre l'est davantage.

366. *Au mens* marque la tendance, *dóu mens* a un sens de restriction et sert de correctif :

Se n'i'a pas cinquanto, soun AU MENS *uno quaranteno.* S'il n'y en a pas cinquante, ils sont au moins une quarantaine.

Sara coumandant o DÓU MENS *capitàni.* Il sera commandant ou du moins capitaine.

367. *Forço, pau* ne s'emploient pas ordinairement seuls comme sujets ; au lieu de : FORÇO *an proumés, mai pau tendran,* on dit plutôt : *Forço* GÈNT *an proumés, mai n'i'en a pau que tendran.* Beaucoup de gens ont promis, mais il y en a peu qui tiendront.

368. *Forço, gaire ; de forço, de gaire.* Ces expressions adverbiales expriment ce qui manque ; mais les premières indiquent plutôt la qualité et les secondes, la quantité :

Se n'en fau gaire que nosto encountrado siegue autant bello que la vostro. Il ne s'en faut guère que notre contrée soit aussi belle que la vôtre.

La coupo n'es pas pleno, mai se n'en fau DE GAIRE.
La coupe n'est pas pleine, mais il ne s'en faut de guère.

369. *Tout-d'un-cop* signifie soudain, à l'instant :
TOUT-D'UN-COP *veis pareisse sa predo.* Tout-d'un-coup il voit paraître sa proie.

Tout-en-un-cop marque ce qui se fait en une seule fois :
TOUT-EN-UN-COP *l'aganto e l'estoufo.* Tout-d'un-coup il le saisit et l'étouffe.

370. *Tout-de-seguido* signifie immédiatement :
Vai querre d'aigo tout-de-seguido. Va chercher de l'eau tout-de-suite.

Pour exprimer la suite, la disposition, on emploie *de-filo* :
Meno cinq carreto DE-FILO. Il conduit cinq charrettes de suite (l'une à la suite de l'autre).

371. *Autant* et *tant*. Le premier indique la comparaison, et le second, la quantité, le degré indéfini de force ou d'étendue :
Espargno AUTANT *que tu.* Il épargne autant que toi.
Eis un païs TANT *agradièu.* C'est un pays si agréable.

372. *Pas* exprime une négation atténuée et *ges* ou *gens,* une négation absolue :
A PAS *lou biais de soun fraire.* Il n'a pas l'adresse de son frère.
A GES *de biais.* Il n'a point d'adresse.

PRÉPOSITION.

373. On répète les prépositions *a, de, en, pèr* avant chaque complément :
I'a d'oulivié à Niço, à-n-Avignoun emai à Carcassouno. Il y a des oliviers à Nice, à Avignon et aussi à Carcassonne.

374. Cette répétition n'a pas lieu avec des noms synonymes ou inséparables par le sens :
Fai l'amiracioun de touti PÈR *sa bounta e sa valour.* Il fait l'admiration de tous par sa bonté et sa valeur.

Aɩ aprés la fablo DE *La cigalo e la fournigo.* J'ai appris la fable de La cigale et la fourmi.

375. Quelques autres prépositions sont répétées devant des noms d'une signification différente :

La majo part de soun coumerço eì DINS *la Bévgico e* DINS *l'Anglo-terro.* La plus grande partie de son commerce est dans la Belgique et dans l'Angleterre.

376. Le complément amené par la préposition peut être sous-entendu.

An vouta LA LÈI : *aquéli qu'èron pèr, se tenien dre ; aquéli qu'èron contro, restavon asséta.* On a voté la loi : ceux qui étaient pour, se tenaient debout; ceux qui étaient contre, restaient assis.

377. *Au-travès* marque un embarras, un péril ; cette expression est toujours suivie de la préposition *de* qui peut être sous-entendue :

Landavo au-travès di canoun enemi. Il courait au travers des canons ennemis.

I'a de baragno. — Que ié fai ? Passo au-travès. Il y a des haies. — qu'importe ? Passe à travers.

378. *A-travès* signifie simplement au milieu de :

A-TRAVÈS *li nivoulas, briho un lamp esfraious.* A travers les épais nuages, brille un éclair effrayant.

379. *A.* Entre deux noms qui ne peuvent pas être fractionnés, la préposition *à* est remplacée par *o.* Il faut dire : *Cinq o sièis ome* cinq ou six hommes et non *cinq à sièis ome*, mais on dira correctement : *Cinq à sièis franc* cinq à six francs.

380. *Avans* indique plutôt le temps, et *davans*, le lieu : *Avans miéjour li garbo saran ligado.* Avant midi les gerbes seront liées :

Lèvo-te de davans noste jour. Ote-toi de (l'endroit qui est) devant notre jour.

381. *Entre* se dit lorsqu'il n'y a que deux objets exprimés chacun par un nom différent :

Entre *dos e tres ouro li campano sounèron à-brand.*
Entre deux et trois heures les cloches sonnèrent en branle
(à volée).

382. *Permièi* ou *permèi* s'emploie avec un nom pluriel
ayant un sens indéfini ou avec un collectif :

> *Quatre mounge espargna, vuei saran semoundu,*
> Permièi *d'àutri presènt, au Calife d'Espagno.*

Quatre moines épargnés, aujourd'hui seront offerts, — parmi
d'autres présents, au Calife d'Espagne.

Liounèu.

383. Dans l'expression *sènso....., sènso,* on peut remplacer cette dernière préposition par la conjonction *ni* :

Un paure adoulenti sènso pan, sènso vèsti (*sènso pan
ni vèsti*). Un pauvre affligé sans pain ni vêtements.

384. Il faut distinguer le sens des locutions suivantes :

Toumba au sòu tomber à terre, *toumba pèr lou sòu* ou
pèr sòu par terre. La première se dit de ce qui ne touche
pas à la terre, et la seconde, de ce qui y touchait avant la
chute.

Li fueio passido toumbon AU sòu. Les feuilles flétries
tombent à terre.

Aquéu paure ome s'es toumba PÈR sòu. Ce pauvre
homme s'est laissé tomber par terre.

385. *Toucant* peut être suivi d'un nom ou d'un pronom :
Toucant *l'oustau* touchant la maison, toucant *nous autre* près de nous.

386. *A la campagno, en campagno.* La première
expression signifie dans les champs ; la seconde s'applique
à la marche des troupes ou au mouvement d'une entreprise :

Se chalo d'èstre A LA CAMPAGNO. Il fait ses délices d'être
à la campagne.

Li Prouvençau se meteguèron EN CAMPAGNO *còntro
Carle-Quint.* Les Provençaux se mirent en campagne contre
Charles-Quint.

IDIOTISMES, PROVENÇALISMES

387. On appelle idiotismes les tournures propres à un idiome, à une langue.

Cette manière de s'exprimer s'écarte des lois de la grammaire générale, mais l'usage l'a consacrée et elle forme la partie caractéristique d'une langue.

388. Les idiotismes s'appellent, en grec, hellénismes ; en latin, latinismes ; en français, gallicismes, et en provençal, provençalismes.

389. Il faut rechercher l'emploi de ces expressions particulières et des termes ayant des racines qui appartiennent exclusivement à la langue dont on se sert.

390. Les principales espèces de provençalismes se rapportent à l'accord, au complément, à l'ellipse, au pléonasme et au changement de l'espèce et du sens dans les mots.

Accord.

391. *Es mi papié*. Ce sont mes papiers. L'attribut au pluriel devrait se rapporter à un sujet au même nombre, et le verbe s'accorderait avec celui-ci ; mais le provençalisme établit un accord contraire.

Complément.

Servi uno soupo de la. Servir un potage au lait. La préposition *de* est employée pour *à* qui marque ordinairement le rapport d'un aliment avec ce qui le compose.

Eis impoussible à-n-éu. Il lui est impossible. *A-n-éu* est mis pour *ié* à lui et se place après le verbe.

Estre court d'argènt, de paraulo, de taio. N'avoir pas assez d'argent, de paroles, de taille. *Court* admet différents compléments qui lui sont unis par la préposition *de*.

La chatouneto sèmblo sa sorre. La petite fille ressemble à sa sœur. Le verbe *sembla* peut avoir le complément direct.

Toumba la taulo. Faire tomber la table. *Toumba* est ici un verbe actif ; il peut être encore passif, réfléchi ou neutre.

Toumba DINS *l'enfanço*. Tomber en enfance. *Dins* est mis à la place de *en* qui fait rapporter un nom abstrait au verbe *toumba*.

Garni la lampo, la biasso. Mettre de l'huile à la lampe, remplir la besace. *Garni* a ici le sens d'alimenter, de remplir avec des provisions.

Intra la canestello. Enfermer la corbeille. *Intra* est employé comme verbe actif.

Vous anaren vèire sus lou tantost, sus lou tard. Nous irons vous voir dans l'après-midi, vers le soir. Les adverbes *tantost* et *tard* employés substantivement peuvent servir de complément circonstanciel au verbe et lui être unis par la préposition.

Fau jamai prene ço qu'es pas nostre. Il ne faut jamais prendre ce qui n'est pas à nous. Le pronom possessif n'admet pas l'article lorsqu'il est attribut dans une expression indéfinie.

Aquéli poumo soun pas bello ; jitas li gastado. Ces pommes ne sont pas belles ; jetez celles qui sont gâtées. Le participe passé s'emploie comme substantif et prend l'article.

Avans de s'embarca, fau saupre mounte ana. Avant de s'embarquer, il faut savoir où aller. L'adverbe *avans* forme avec *de* une locution prépositive.

Avé set avoir soif, — *fam* faim, — *som* sommeil, — *resoun* raison, — *tort* tort, — *pòu* peur, — *vergougno* honte, — *de dire* à dire, — *de veni* à venir, — *de parti* à partir, — *d'arriva* à arriver. Les choses exprimées par ces divers compléments ne sont pas un objet de possession selon le sens ordinaire du verbe *avoir*.

Estre de couchado rester pour coucher, — *de partènço* sur le point de partir, — *en cèrco* à la recherche de quelque chose.

Faire de besoun être nécessaire, — *di siéuno* se conduire selon ses caprices, — *sis embarras* se donner de l'importance, — *soun fièr* paraître fier, — *de contràri* contrarier quelqu'un, — *de magnan* élever des vers-à-soie, — *soun camin, fila soun camin* parcourir son chemin, — *bèu* f. beau temps, — *laid* f. mauvais temps, — *nivo* se couvrir de nuages, — *de levant* venter de l'est, — *jour* paraître en parlant du jour, — *nìue* être, en parlant de la nuit, — *la paumo* se pelotonner comme une paume, en parlant des oiseaux. Le verbe *faire* s'éloigne de sa signification propre en admettant ces compléments. On dit aussi : *Se faire emé quaucun* pour fréquenter quelqu'un.

Dòu coumençamen te leissaves engana. Au commencement tu te laissais tromper. La préposition *de* est employée pour *à* qui marque ordinairement la circonstance de temps.

S'èis enana. Il s'en est allé. La préposition *en* se place entre l'auxiliaire et le verbe *ana.*

Estre en galèro. Etre aux galères. *En* est mis pour *i.* Le français a aussi cette expression aller en galères, mais elle désigne un voyage qui se fait en Espagne dans une espèce de chariot.

Ié sautèron dessus. On sauta sur lui. Le complément circonstanciel de lieu, se rapportant aux personnes, est quelquefois exprimé par l'adverbe et le pronom qui sert de complément indirect.

De qu'èi que ploures? Pourquoi pleures-tu ? La préposition de cause *pèr* est remplacée par *de*; mais on dirait aussi *pèr qu'èi que ploures?*

Pèr Pasco li sermoun soun plus de sesoun. A Pâques les sermons ne sont plus de saison. Cette même préposition *pèr*, désignant une cause, marque ici l'époque, le temps.

Autres locutions.

MAU-GRAT QUE *proumetes de te venja, sies pas tengu de coumpli ta proumesso.* Bien que tu promettes de te venger, tu n'es pas tenu à accomplir ta promesse. Cette phrase a le même sens que celle-ci : *Sies pas tengu de coumpli ta proumesso, au mau-grat de ço que proumetes de te venja.*

Me siéu pensa. J'ai pensé.

Se douna pòu. Avoir peur.

Se pas poudé senti. Se déplaire, se prendre en aversion.

A la precipitado. Précipitamment.

Es tant de fa. C'est autant de fait.

Se douna siuen. Prendre des soins.

Ama de vèire, de dire. Aimer à voir, à dire.

Manca à quaucun. Manquer de respect à quelqu'un.

Mena de brut. Faire du bruit.

Prene la vouleto, la voulado. Commencer à voler en parlant des petits oiseaux.

Teni lou cop. Supporter un poids, une épreuve.

Teni de libre fournir des livres, — *de vèsti f.* des vêtements, — *de court* rapprocher de soi, surveiller de près, — *liuen, de liuen* tenir loin, éloigné, — *dóu mes* avoir le quantième.

Ana de requiéuloun. Aller à reculons, *de dous en dous* deux à deux, — *à cha quatre* par quatre.

Manda de rebaleto. Lancer en faisant rouler.

Coumença d'un bord. Commencer par un bord.

De coustumo, à l'acoustumado. Selon la coutume.

De fes que i'a. Quelquefois.

A l'avanço, à l'endavans. Au-devant (de quelqu'un).

Diguè rèn, mai èi de l'èr que regardavo. Il ne dit rien, mais c'est la manière dont il regardait.

Dire, respondre de noun. Dire, répondre non.

Es rintra d'ouro, de bono ouro. Il est rentré à bonne heure.

Ellipse.

Aquelo flour fai plesi à ma maire, ié pourgirai. Cette fleur fait plaisir à ma mère, je la lui offrirai. Le complément direct *la*, mis pour fleur, est supprimé.

Pesco de bouiroun. Il pêche des lamproies de rivière. L'article a été retranché et la préposition est euphonique.

La suppression de l'article a lieu aussi dans le pronom possessif :

Aquéu pintre n'a rèn de siéu dins l'espousicioun. Ce peintre n'a rien du sien dans cette exposition.

Eis un òubrié que se ié pòu ges faire de reproche. C'est
un ouvrier auquel on ne peut faire aucun reproche. Il y a
suppression de l'article contracté au dans *que* auquel; mais
on en retrouve la signification dans le pronom *ié*.

L'estiéu ame mai lou champ que la vilo. Pendant
l'été je préfère la campagne à la ville. On retranche ici la
préposition *dins*.

*Travaio quand sies jouinè, que te pausaras quand
saras vièi.* Travaille pendant que tu es jeune, parce que
tu te reposeras quand tu seras vieux. On n'emploie que la
dernière partie de la locution *pèr-ço-que* parce que.

Le *que* peut aussi être considéré, dans ce cas, comme
une particule explétive qui donne plus de force à l'expression.

Dans les expressions suivantes, il y a ellipse d'un sujet
d'un verbe et d'une conjonction : *Toumbo de nèu.* Il tombe
de la neige. Le sujet et le verbe appartiennent à des propositions différentes ; c'est comme si l'on disait : *De nèu* ES
ACÒ QUE *toumbo.* De la neige est ce qu'il tombe. *Toum-
bèsse d'enclume !* Je voudrais qu'il tombât des enclumes.
Dans ce cas, outre l'ellipse du précédent, il y a encore
celle de *voudriéu que.*

T'an òusserva que lis estello soun pas tóuti vesiblo.
On t'a fait observer que les étoiles ne sont pas toutes visibles.
Le provençal sous-entend le verbe *faire* qui doit précé-
der *òusserva.*

Un jour, l'autre noun. Sur deux jours l'un. Cette expression se compléterait ainsi : *un jour o, l'autre noun* un
jour oui, l'autre non.

Cerca de bèn faire est mis pour *cerca la manièro de
bèn faire* chercher la manière de bien faire.

Metre seca de figo. Faire sécher des figues. C'est comme
s'il y avait : *Metre de figo pèr li faire seca.* Mettre des
figues pour les faire sécher.

Ah ! pas mai. Ah ! ce n'est pas plus (cela que........).

E viro que viraras... Et tourne (parce) que tu tourneras (encore.....).

Pléonasme.

Aquéu jouvènt, i'an proumés un chivau. On a promis un cheval à ce jeune homme. Il y a répétition du complément indirect *aquéu jouvènt.*

Espera uno ouro de tèms. Attendre pendant une heure. *Uno ouro* exprimerait suffisamment le complément circonstanciel.

D'acò, n'en veson veni lou prougrès naciounau. De cela, on voit venir le progrès national. Il y a répétition du pronom pour désigner une même chose.

As de plumo ? — N'ai, te n'en baiarai. As-tu des plumes ? — J'en ai, je t'en donnerai.

Devant le verbe qui commence par une voyelle *n'* suffit pour tenir la place du nom ; on y ajoute *en* quand l'initiale du verbe est une consonne.

Ié tiron sa mancho. On lui tire la manche. Le rapport de possession étant déjà indiqué par le pronom *ié,* il faudrait *la,* comme en français ; mais le provençalisme marque plus fortement la possession.

Vai-t-en à l'escolo. Vas à l'école. L'emploi de *en* usité dans de pareilles expressions ne serait point nécessaire.

Ei nautre qu'avèn gagna li joio. C'est nous qui avons gagné les prix. *Nautre* est équivalent à *nous autre* qui s'exprimerait en français par un seul pronom ; mais *nous* en provençal n'est jamais sujet ; et comme attribut, il doit être accompagné de *autre.*

Intro dedins. Entre. *Sors deforo.* Sors. *Mounto d'aut.* Monte. *Davalo eiçabas.* Descends. L'adverbe ajoute un degré de plus au verbe dont le sens serait complet sans cette addition.

Changement de l'espèce.

Lou vint-e-quatre dóu mes. Le vingt-quatre du mois. Le quantième étant assez déterminé, l'usage a fait adopter la substitution de l'adjectif cardinal à l'adjectif ordinal.

Dans les exemples suivants, la forme réfléchie, fréquemment employée par le provençal, est substituée à celle du verbe actif : *S'èis espera bèn quauque tèms.* On a attendu assez longtemps. *Vous atrouvarés qu'erian i caucado.* Vous saurez que nous étions au temps où l'on dépique le blé. *Se taca.* Tacher ses habits. *S'acoumpagna emé quaucun.* Faire route avec quelqu'un. *Se counèis qu'as pas legi lis obro di felibre.* On reconnaît que tu n'as pas lu les œuvres des félibres. *Li castagno se coson dins la braso.* Les châtaignes cuisent dans la braise. *Se jala.* Geler. Cette expression est applicable aux personnes et aux choses.

Me n'en rapelle. Je me le rappelle. Ce verbe a le pronom *en* pour complément indirect.

Chanjo-te que sies trèmpe. Change de vêtements parce que tu es tout mouillé.

Quelquefois c'est le verbe réfléchi qui devient actif ou neutre. *Avès acoustuma li bèlli maniero.* Vous êtes accoutumé aux belles manières.

Fai bon proumena quand li vióuleto soun flourido. Il fait bon se promener quand les violettes sont fleuries.

Changement du mode et du temps.

Tacharai que fugues countènt. Je tâcherai de te contenter.

Tâcher n'exprime point l'idée qui amène le subjonctif : le verbe qui le suit est mis cependant à ce mode au lieu d'être à l'infinitif.

Changement du sens.

Dins l'afaire de tres semano saren lèst. Dans l'espace de trois semaines nous serons prêts.

M'as coupa la paraulo. Tu m'as interrompu.

Ié disien Azalaïs. On l'appelait Azalaïs.

I'ai agu parla de nosto cresènço. Je lui ai eu parlé de notre croyance.

DE LA PHRASE

DE LA PHRASE

Phrases à propositions coordonnées ne renfermant que des propositions verbales (principales).

- Phrase causale.
- Phrase illative.
- Phrase additionnelle ou copulative.
- Phrase disjonctive ou alternative.
- Phrase adversative.

Phrases à propositions subordonnées renfermant une verbale et une ou plusieurs des propositions substantives, adjectives et adverbiales (subordonnées).

Proposition verbale.

Propositions subordonnées.

- Substantive.
  - Subjective.
  - Attributive.
  - Complétive.
- Adjective.
- Adverbiale.
  - De cause.
  - De temps.
  - De lieu.
  - De manière.
  - De but, etc.

CONSTRUCTION DE LA PHRASE.

TROISIÈME PARTIE

DE LA PHRASE OU PROPOSITION

COMPOSÉE

---

392. Les propositions simples s'unissent entre elles pour former les propositions composées.

393. Quand les propositions simples ont un rapport d'égalité, elles s'unissent par la coordination ; s'il y a inégalité dans leur rapport, elles sont unies par la subordination.

394. Le rapport de coordination est aussi appelé rapport logique, et celui de subordination, rapport grammatical.

REMARQUE. Dans cette phrase : *Li nivo s'acampon e l'aurige esclato.* Les nuages se rassemblent et l'orage éclate, chacune des deux proportions exprime une pensée indépendante ; c'est ce qui établit entre elles un rapport logique ou de pensée.

Dans celle-ci : *Fau que travaien.* Il faut que nous travaillions, les propositions expriment deux pensées inséparables ; c'est ce qui fait appeler ce rapport, grammatical.

PROPOSITIONS COORDONNÉES.

395. Les propositions sont coordonnées lorsqu'elles renferment des pensées du même ordre, ou de la même importance :

Avau dins lou cèu blu, crestejon lis Aupiho;
La bouscarlo emé tu, dins li canèu babiho,
Roussignoulet armounious.

Là-bas dans le ciel bleu, les Alpilles élèvent leurs crêtes ; — la fauvette avec toi, dans les roseaux babille, — petit rossignol harmonieux.

s.

REMARQUE. Ces propositions principales qui, dans la phrase, pourraient être remplacées par le verbe à l'infinitif, sont plus exactement appelées verbales. En effet le sens principal de cette phrase se réduit aux verbes *cresteja* et *babiha*.

396. Les propositions sont unies par le sens, comme les précédentes ou par les conjonctions de coordination : *au mens, car, dounc, e, emai, mai, ni, o, pamens, que* car, etc.

397. Les phrases formées de plusieurs propositions verbales peuvent être: causales, illatives, additionnelles ou copulatives, disjonctives ou alternatives et adversatives.

Phrase causale.

398. La phrase causale se compose de deux propositions verbales dont l'une est la cause ou la conséquence de l'autre :

Fau ama Diéu, — car Diéu èi bon. Il faut aimer Dieu, — car Dieu est bon.

Travèsses pas la sèuvo escuro, — que ié sariés devouri pèr lou ferun. Ne traverse par la forêt obscure, — parce que tu y serais dévoré par les bêtes féroces.

REMARQUE. On supprime souvent la conjonction dans les phrases causales :

Vole la pas, — la pas èi lou bonur. Je veux la paix, — la paix est le bonheur.

Phrase additionnelle ou copulative.

399. La phrase additionnelle ou copulative est composée de deux ou de plusieurs propositions dont l'une étend ou augmente l'objet de la pensée que l'autre exprime.

L'aubo pounchejo e la niue s'en vai. L'aube point et la nuit s'en va.

Emploi des conjonctions additionnelles.

400. La conjonction *e* s'emploie pour unir deux propositions verbales qui sont :

1° Toutes deux affirmatives : *L'aucèu canto e volo.* L'oiseau chante et vole.

2° L'une affirmative et l'autre négative : *L'ausis e lou vòu pas segui.* Il l'entend et il ne veut pas le suivre.

3° Toutes deux négatives : *Soun pas vengu emai vendran pas.* Ils ne sont pas venus et ils ne viendront pas.

401. La conjonction *ni* est employée pour unir deux propositions négatives :

Ni pòu ni vòu. Il ne peut ni ne veut.

Es ni laid ni poulit. Il n'est ni laid ni joli.

Ni est employé dans chaque proposition, excepté lorsque l'une a la négation *ges* :

Porto ges de velet ni de mantiho. Elle ne porte point de voile ni de mantille.

Remarque. On peut répéter ces conjonctions devant plusieurs membres de phrase.

E la famino, e la pèsto, e la guerro an rouina nosto encountrado. Et la famine, et la peste, et la guerre ont ruiné notre contrée.

Phrase disjonctive ou alternative.

402. La phrase disjonctive ou alternative est formée de deux propositions verbales dont l'une exclut le sens de l'autre.

403. La conjonction *o* sert à lier deux propositions affirmatives ou deux propositions qui sont l'une affirmative, et l'autre négative :

Travaiaras — o mouriras de fam. Tu travailleras — ou tu mourras de faim.

Travaiaras — o te pagaran pas. Tu travailleras — ou l'on ne te paiera pas.

Phrase adversative.

404. La phrase adversative est formée de propositions verbales qui sont opposées, exclusives ou restrictives.

1° Il y a opposition, si la seconde proposition, tout en maintenant ce qu'affirme la première, exprime quelque chose qui est différent et vrai en même temps :

L'ipoucrito te parlo emé la bouco risènto, — mai soun cor t'ahis. L'hypocrite te parle avec la bouche souriante ; — mais son cœur te hait.

2° Il y a exclusion, lorsque chacune des propositions exprime une pensée qui est le contraire de l'autre :

Lou mestié ounoro pas l'ome ; — mai l'ome ounoro lou mestié. Le métier n'honore pas l'homme; — mais l'homme honore le métier.

3° Il y a restriction, lorsque la première proposition est restreinte ou limitée par la seconde :

> *Lou mau es orre, — e me sourris ;*
> *La car es bello, — e se pourris ;*
> *L'oundo es amaro, — e vole béure.*

Le mal est laid, — et il me sourit; — la chair est belle, — et elle se pourrit ; — l'onde est amère, — et je veux boire.

Frederi MISTRAL.

Construction des propositions coordonnées.

405. Il faut éviter l'obscurité du sens dans la construction de ces propositions et les présenter dans l'ordre naturel des pensées qu'elles expriment.

PROPOSITIONS SUBORDONNÉES.

406. Les propositions subordonnées sont celles qui se trouvent sous la dépendance d'une autre proposition appelée principale :

Disié souvènt — que falié s'ajuda lis un emé lis autre. Il disait souvent — qu'il fallait s'aider les uns les autres.

407. Dans chaque phrase de subordination, il y a tou-

jours une principale ; tandis que les phrases de coordination excluent toute dépendance.

408. La proposition principale remplit le rôle du verbe
et les propositions subordonnées ont une fonction analogue
à celle du substantif, sujet ou complément, de l'adverbe et
de l'adjectif. Ainsi la phrase a une construction analogue à
celle de la proposition.

409. La proposition principale est donc exactement appelée proposition verbale.

Il y a des subordonnées à différents degrés.

Dans cet exemple : *Fau pas — que trapejon lou ter-
en* [1] *— quand èi semena.* [2] Il ne faut pas — qu'on piétine
le terrain — quand il est semé ou ensemencé, la proposition
2 est dépendante de la subordonnée 1; on dit alors qu'elle
est subordonnée au 2ᵉ degré.

410. Lorsque les subordonnées sont du même ordre on
les appelle aussi quelquefois coordonnées dans la phrase de
subordination.

411. Les propositions subordonnées sont de trois sortes :
substantives, adjectives ou adverbiales.

Proposition substantive.

412. La proposition substantive est celle qui a, dans les
phrases, la fonction du substantif :

Demandon — que parte (sa partènço). On demande
— qu'il parte (son départ).

La proposition subordonnée est ici équivalente à un
substantif.

413. Si cette proposition tient la place d'un nom sujet,
on l'appelle subjective :

Mies vaudrié — que fuguèsse prudènt. Il vaudrait
mieux — qu'il fût prudent.

414. Si elle remplace un nom complément, on l'appelle
complétive.

A di — que sarian au bèu. Il a dit que nous aurions
beau temps.

415. La proposition complétive, comme la substantive, est quelquefois remplacée par l'infinitif du verbe; c'est ce qu'on appelle proposition infinitive :

A l'autouno, pauro dindouleto, fau — parti (fau que partes). A l'automne, pauvre hirondelle, il faut — partir.

Remarque. Le verbe auquel est subordonnée la proposition infinitive peut être sous-entendu :

Iéu, t'abandouna? (poudriéu t'abandouna?) jamai! Moi, t'abandonner? jamais !

Proposition adjective.

416. La proposition adjective est celle qui, dans les phrases, remplit la fonction de l'adjectif :

L'enfant — qu'es sàvi, — sara recoumpensa. L'enfant — qui est sage, — sera récompensé; *qu'es sàvi* est mis pour l'adjectif *sàvi*.

417. Cette proposition se raccourcit par le participe présent ou le participe passé :

Lou gai soulèu, — brihant (que briho) — dins lou Miejour, ié coungreio l'aboundànci e la bèuta. Le gai soleil, brillant — (qui brille) dans le Midi, y produit l'abondance et la beauté.

Avignoun, enlusi pèr li Papo (que li Papo enlusiguèron), gardo encaro vuei sa courouno pountificalo. Avignon, illustré par les papes (que les Papes illustrèrent), garde encore aujourd'hui sa couronne pontificale.

Proposition adverbiale.

418. Les propositions adverbiales ont la fonction de l'adverbe. Elles marquent le temps, le lieu, la manière, etc.

419. La proposition adverbiale de lieu est annoncée par l'adverbe *mounte* :

Dins li nacioun — mounte lou terraire es pas bèn travaia, — l'engèni èis esterle. Dans les nations, — où la terre n'est pas bien travaillée, — le génie est stérile.

Le verbe se met alors à l'indicatif.

420. Une proposition adverbiale de temps peut avoir trois degrés:

1° L'antériorité avec les locutions *davans que, enjus-quo que*.

Le verbe se met ordinairement au subjonctif.

2° La simultanéité avec les conjonctions *quand, dóu tèms que*.

3° La postériorité avec les locutions *après que, despièi que*.

Dans ces deux derniers cas, le verbe est à l'indicatif.

421. La préposition adverbiale de but marque le but qu'on veut atteindre ou celui qu'on cherche à éviter :

La fournigo acampo de blad — pèr que n'en posque faire soun viéure dins l'ivèr. La fourmi amasse du blé — pour qu'elle puisse s'en nourrir pendant l'hiver.

Acuso lis autre — de pòu que siegue éu-meme acusa. Il accuse les autres — de peur qu'il ne soit lui-même accusé.

422. Propositions adverbiales :

De manière : *Coume faras, — atroubaras*. Comme tu feras, tu trouveras.

De moyen : *Travèsson lou riéu — en passant sus lou pont*. Ils traversent le ruisseau en passant sur le pont.

De cause : *Te lauson — pèr-ço-que sies dóucile*. On te loue, — parce que tu es docile.

De séparation : *Fai toun devé — sènso que te lou digon*. Fais ton devoir — sans qu'on te le dise.

D'union : *Fagues pa lou fièr, — emai siegues riche, pouderous e sabènt*. Ne te montre pas fier, — bien que tu sois riche, puissant et savant.

D'intensité : *De tant que n'i"an fa soufri, — pòu plus se boulega*. On lui en a tant fait souffrir, qu'il ne peut plus se remuer.

D'égalité, d'identité : *Ei moudèste — autant que (es) sabènt*. Il est modeste — autant que (il est) savant.

La Droumo èi dóu meme coustat dóu Rose — que la Durènço (èi). La Drôme est du même côté du Rhône — que la Durance (est).

D'inégalité, de différence : *Vai pas tant vite d'à-chivau — que iéu d'à-pèd.* Il ne va pas aussi vite à cheval — que moi à-pied.

Parlo diferentamen que si coulègo. Il parle différemment de ses collègues.

Autres propositions adverbiales.

423. La proposition corrélative se rapporte à la verbale au moyen d'une locution adverbiale qui est aussi au commencement de la principale :

Dóu mai gagno, — dóu mai despènso. Plus il gagne, plus il dépense. C'est-à-dire : Il dépense d'autant plus qu'il gagne plus. C'est la corrélative directe.

424. Il y a corrélation inverse dans cet exemple :

Dóu mai anan, — dóu pu pau sian avança. Plus nous allons, — moins nous sommes avancés.

Proposition conditionnelle.

425. La proposition conditionnelle exprime une condition, une supposition ou une restriction.

426. Le verbe de la proposition verbale se met au présent ou au futur de l'indicatif, si le verbe de la proposition conditionnelle est au subjonctif ou à l'impératif :

Vèngue la sesoun di floureto, — li galoi parpaioun iè van rauba la melico. Vienne la saison des fleurs, — les joyeux papillons vont leur dérober le suc mielleux.

Coumporto-te bèn, — se noun, intres plus dins l'oustau. Conduis-toi bien, — sinon, tu n'entres plus dans la maison.

427. Le verbe de la proposition verbale est au conditionnel, s'il est mis en rapport avec l'imparfait de l'indicatif :

T'óubeïriéu — s'ères moun mèstre. Je t'obéirais — si tu étais mon maître.

428. La proposition conditionnelle exprime quelquefois une supposition :

S'an de veni, — saran lèu eici. S'ils doivent venir (en supposant qu'ils doivent venir), — ils seront bientôt ici.

429. Il y a restriction, lorsque l'objet de la proposition verbale est limité par la proposition conditionnelle :

Res sara de la fèsto, — foro li que tenèn pèr ami.
Personne ne sera de la fête, — excepté ceux que nous tenons pour amis.

Proposition concessive.

430. La proposition concessive est celle qui concède une circonstance dont on pourrait nier la conséquence.

Cette proposition a le sens de la coordonnée adversative ; mais la forme en est celle d'une subordonnée.

431. La concession est réelle, hypothétique ou alternative :

1° *A pòu de lou vèire, — emai lou cerque.* Il a peur de le voir, — quoiqu'il le cherche.

2° *Quand lou courounèsson, — sarié pas traite à sa patrio.* Quand on le couronnerait, — il ne serait pas traître à sa patrie.

Cette phrase renferme une supposition (en supposant qu'on le couronnerait).

Remarque. Le provençal peut mettre au subjonctif le verbe de la proposition, avec la concession hypothétique ; le français exige le conditionnel.

3° *Siegue que ploure, — siegue que rigue, aquel enfant a bon biais.* Soit qu'il pleure, — soit qu'il rie, cet enfant à bonne façon.

CONSTRUCTION DES PROPOSITIONS SUBORDONNÉES.

432. La construction de la phrase de subordination suit la règle générale, c'est-à-dire qu'on doit exprimer clairement les rapports des propositions en se conformant à la liaison même des idées.

Il faut aussi établir une juste proportion dans l'étendue des membres de la phrase.

433. La proposition verbale est quelquefois placée entre les autres propositions :

Que de fès, — me disiéu, — l'ilusioun s'èis esvalido.
Que de fois, — me disais-je, — l'illusion s'est évanouie.

434. D'autrefois elle est sous-entendue:

S'encaro voulien nous leissa libre. Si encore on voulait nous laisser libres.

Proposition substantive.

435. La proposition subjective se place ordinairement après la verbale:

Ei daumage — que gaston li nis. C'est dommage qu'on gâte les nids.

436. La proposition complétive suit la même règle.

Aro saben —
Que dins l'ordre divin tout se fai pèr un bèn.

Maintenant nous savons — que dans l'ordre divin tout se fait pour un bien.

Frederi MISTRAL.

437. Lorsque plusieurs complétives viennent après une verbale, il faut qu'elles s'y rattachent sans équivoque et qu'elles ne soient pas successivement subordonnées entre elles:

L'exemple ci-après est contraire à cette règle:

Aquéu paure ome avié tant pau de sèn — que cresié — que falié — que fuguèsse lou soulet mèstre — e que gouvernèsse lou vilage. Ce pauvre homme avait si peu de bon sens — qu'il croyait — qu'il fallait — qu'il fût le seul maître — et qu'il gouvernât le village.

On pourrait dire correctement: *Aquéu paure ome avié tant pau de sèn que se cresié lou soulet capable d'èstre lou mèstre e de gouverna lou vilage.* Ce pauvre homme avait si peu de bon sens qu'il se croyait le seul capable d'être le maître et de gouverner le village.

Proposition adjective.

438. La proposition adjective suit le nom qu'elle modifie:

Avié l'amour dóu bèu, QUE FAI LI GRANDS ARTISTO. Il avait l'amour du beau, qui fait les grands artistes.

REMARQUE. L'adjective se rapporte au substantif *amour* et non à son complément déterminatif *bèu.*

C'est le contraire qui a lieu si l'on dit : *A lou goust dóu travai* QUE FORMO LIS ARTISTO. Il a le goût du travail qui forme les artistes.

439. Lorsque plusieurs adjectives se rattachent à un même nom, le rapport doit en être clairement indiqué. Telle n'est pas la construction de la phrase suivante :

Mouïse que menavo lis Ebriéu vers la terro prou-messo, qu'èro un païs tant desira, que se languissié tant de n'en jouï, mouriguè, pecaire ! avans que de i'intra. Moïse qui conduisait les Hébreux vers la terre promise, qui était un pays si désiré, et à qui il tardait tant d'en jouir, mourut, hélas ! avant d'y entrer.

On dirait mieux : *Mouïse que menavo lis Ebriéu vers la terro proumesso, païs tant desira, e què se lan-guissié tant de n'en jouï, mouriguè, pecaire ! avans que de i'intra.*

440. Plusieurs propositions substantives peuvent se rapporter au même verbe, et plusieurs adjectives, au même substantif.

Ame — que parles — e que cantes. J'aime — que tu parles — et que tu chantes.

Veici l'estiéu — que trelusis — e qu'amaduro. Voici l'été — qui resplendit — et qui fait mûrir.

441. La proposition adjective est placée après le subs-tantif qu'elle qualifie; le pronom relatif peut être séparé de l'antécédent :

Un cassaire — passè — qu'anavo cala si fielat. Un chasseur — passa — qui allait tendre ses filets.

Propositions adverbiales.

On place avant la principale, les subordonnées circons-tancielles qui l'annoncent, qui la préparent :

Quand ères malaut, preniés li remèdi que falié pèr te gari. Quand tu étais malade, tu prenais les remèdes qu'il fallait pour te guérir.

On met ordinairement après la principale les subordonnées circonstancielles qui l'expliquent ou qui servent à y ajouter quelques circonstances de temps, de lieu, de manière, etc.

Travaio QUAND PODES *e* QUE N'AS LOU TÈMS. Travaille quand tu le peux et que tu en as le temps.

Emploi des modes dans les propositions subordonnées.

442. Le verbe de la proposition verbale ne peut être qu'à l'un des modes indicatif, conditionnel ou impératif.

443. Le verbe de la proposition substantive est à l'indicatif si l'on veut exprimer la certitude, la réalité :

*Crese qu'*ÈIS *ounèste.* Je crois qu'il est honnête.

444. On emploie le subjonctif : 1º S'il y a doute ou incertitude dans la pensée :

Crese pas que SIEGUE *marrit.* Je ne crois pas qu'il soit mauvais.

2º Lorsque la proposition verbale exprime la crainte, le désir, la volonté ou la nécessité :

Fau que MANTENGUEN *lis us de la nacioun.* Il faut que nous maintenions les usages de la nation.

Emploi des temps dans les propositions subordonnées.

445. Le verbe de la proposition verbale, comme celui des autres propositions, admet tous les temps.

446. Après une proposition verbale dont le verbe est à l'indicatif on peut employer le passé, le présent ou le futur, selon le temps que l'on veut exprimer :

Sabèn pas se li rousié an FLOURI, *se* FLOURISSON *o se* FLOURIRAN. Nous ne savons pas si les rosiers ont fleuri, s'ils fleurissent ou s'ils fleuriront.

447. Lorsque le verbe de la proposition verbale est au présent ou au futur de l'indicatif, celui de l'autre proposition se met au présent, s'il demande le subjonctif :

Volon que la meissoun se FAGUE *lèu.* On veut que la moisson se fasse bientôt.

Diran que **sies** *caritable.* On dira que tu es charitable.

448. Si le verbe de la proposition verbale était au passé de l'indicatif ou au conditionnel, il faudrait, avec le mode subjonctif, mettre au passé le verbe de la proposition substantive :

Cregnié que soun reproche vous **faguèsse** *de peno.* Il craignait que son reproche ne vous fît de la peine.

Amariéu que venguèsses dóutour. J'aimerais que tu devinsses docteur.

Emploi particulier de quelques conjonctions.

449. *Coume* ne se répète pas au second membre d'une phrase ; on le remplace par *que.*

Coume l'as di e **que** *me n'en remèmbre, pòdes pas afourti lou countràri.* Comme tu l'as dit et que je m'en souviens, tu ne peux pas affirmer le contraire.

450. *Se* est élégamment remplacé, dans un membre de phrase, par *que* suivi du subjonctif.

Se ié vai e **que** *lou vegon, sara pres.* S'il y va et qu'on le voie, il sera pris.

451. *Quand* conjonction est terminé par un *d*, et *quant* adverbe peut former avec *à* une locution prépositive qui est quelquefois précédée de *pèr* et signifie à l'égard : *quant à, pèr quant à iéu* quant à moi :

> *Quand di pin entre li branco*
> *Ourlo e rounflo lou vènt fòu,*
> *Vers l'abrigouso calanco*
> *Li gabian courron à vòu.*

Quand le vent furieux hurle et rugit — entre les branches des pins, — vers l'anse abritée — les goélands volent nombreux.

Jan Monné.

Que parte, pèr **quant** *à iéu, demore dins lou païs.* Qu'il parte, quant à moi, je demeure dans le pays.

452. *Mau-grat* ne peut être suivi de la conjonction que s'il n'est pas en rapport avec le verbe *avé* :

Mau-grat soun bon voulé. Malgré son bon vouloir.

Mau-grat que n'ague forço. Malgré qu'il en ait beaucoup.

Mau-grat est l'opposé de *bon grat* qui s'écrit en deux mots.

Locutions conjonctives.

453. La locution *emai que* ne s'emploie que devant un verbe au subjonctif :

Emai que *siegon sevère, soun pas meichant pèr-acò.* Bien qu'ils soient sévères, ils ne sont pas méchants pour cela.

454. *Pèr-ço-que* ou *pèr amor que* signifie attendu que, par la raison que ; c'est une locution conjonctive formée par trois mots :

An pas vendu sis óutis, pèr-ço-que n'an de besoun. Ils n'ont pas vendu leurs outils, parce qu'ils en ont besoin.

455. *Pèr ço que* signifie *pèr la causo que* par la chose que ; *pèr* est ici une préposition et *ço* un pronom démonstratif, antécédent du relatif *que* :

Pèr ço que dises, vese bèn que sies innoucènt. Par ce que tu dis, je vois bien que tu es innocent.

456. *Perqué* est une conjonction qui sert aussi à interroger :

Perqué èstre ourgueious, sian pas tóuti pasta de la memo limo ? Pourquoi être orgueilleux, ne sommes-nous pas tous pétris du même limon ?

457. *Pèr que,* écrit en deux mots, se compose de la préposition *pèr* et du pronom indéfini *que* :

Pèr que sian au-mounde, se noun pèr ié faire lou bèn ? Pourquoi sommes-nous au monde, sinon pour y faire le bien ?

DE L'ANALYSE

458. L'objet de l'analyse est l'étude des mots et des propositions pour en déterminer la nature ou l'espèce et la fonction.

Il n'y a pas de théorie spéciale pour l'analyse ; elle consis-

te à étudier les écrits des auteurs au point de vue des principes, des définitions et des règles exposées par la grammaire.

L'analyse, comme la grammaire, est divisée en trois
parties : celle des mots, celle de la proposition simple et
celle de la phrase.

ANALYSE DES MOTS.

459. On recherche à quelle partie du discours appartient
un mot; si c'est un nom, un adjectif, ou un pronom, on désigne
l'espèce, la sorte, le genre et le nombre.

Pour le pronom personnel, on ajoute la désignation de
la personne.

Dans l'analyse du verbe il faut déterminer l'espèce, la
sorte, le mode, le temps et la personne.

Dans l'analyse de l'adverbe, de la préposition, de la
conjonction et de l'interjection, il suffit d'en accuser
l'espèce.

Tableau de l'analyse des mots.

| Nom.
Locution nominale. | Commun.
Propre. | Collectif. | Partitif.
Général. | |

| Adjectif.
Loc. adjective | Qualificatif.
Déterminatif. | Article.
Démonstratif.
Possessif.
Numéral.
Conjonctif.
Indéfini. | Cardinal.
Ordinal. | Masculin
ou
féminin. |

| Pronom.
Loc pronom. | Personnel.

Déterminatif | 1e personne.
2e pers.
3e pers.
Article.
Démonstratif.
Possessif.
Numéral.
Conjonctif,
Indéfini. | Cardinal.
Ordinal. | Singulier
ou
pluriel. |

TEMPS. { Passé.. / Présent.. / Futur..   PERSONNE. { 1e / 2e / 3e   NOMBRE. { Singulier / Pluriel

MODE. { Infinitif. / Participe. / Indicatif. / Conditionnel. / Impératif. / Subjonctif.

CONJONCTION. { Locution conjonctive. / De coordination. { Causale. / Illative. / Additionnelle. / Alternative. / Adversative, / De subordination.

VERBE. { Locution verbale / Attributif. { Substantif. / Transitif. { Actif. / Réfléchi. / Passif. / Intransitif. { Neutre. / Impersonnel.

PRÉPOSITION. { Locution prépositive / De cause. / De temps. / De lieu. / De manière. / De but. / D'origine. / De possession. / D'union. / De séparation. / D'opposition. / D'ordre. / De moyen.

ADVERBE. { Locution adverbiale / De temps. / De lieu. / De manière. / De quantité. / D'ordre. / D'affirmation. / De doute. / De négation. / De ressemblance. / De différence. / D'union. / De comparaison. { Egalité. / Infériorité. / Supériorité.

INTERJECTION. { Locution interjective / De joie. / De douleur. / De crainte. / Admiration ou surprise. / D'approbation. / D'aversion. / D'encouragement. / D'appel. / De silence. / D'arrêt.

ONOMATOPÉE. { De bruit. / De mouvement. / De cri.

460. Analyse des mots soulignés dans le texte suivant :

Li felibre se soun souvengu qu'au siècle tregen, en fàci de la forço triounflanto, li troubaire avien ausa proucluma la liberta ; e, en fàci dóu materialisme triounflant dóu siècle dès-e-nouven, éli ardidamen an afourti sa fe dins un ideau au-dessus de la terro.

Les félibres se sont souvenus qu'au treizième siècle, en face de la force triomphante, les troubadours avaient osé proclamer la liberté ; et, en face du matérialisme triomphant du dix-neuvième siècle, eux hardiment ont affirmé leur foi dans un idéal au-dessus de la terre.

Crestian de VILO-NOVO.

felibre   Nom commun, masculin singulier.

tregen   Adjectif déterminatif, numéral ordinal, masculin singulier.

éli   Pronom personnel, 3e personne du masculin pluriel.

an afourti   Verbe actif, mode indicatif, temps parfait indéfini, 3e personne du pluriel.

ardidamen   Adverbe de manière.

dins   Préposition de lieu.

e   Conjonction de coordination, additionnelle.

ANALYSE DE LA PROPOSITION.

461. Pour analyser la proposition, il faut en désigner le sujet, le verbe et l'attribut. On doit ensuite déterminer l'accord et le complément des termes qui la composent.

Exemple d'analyse de la proposition.

Dins l'Espagno, dins l'Irlando, lou riste castihan, la mantiho andalouso soun esta tous-tèms l'óujet d'un usage universau.

Dans l'Espagne, dans l'Irlande, le manteau castillan, la mantille andalouse ont toujours été d'un usage universel.

Gracian CHARVET.

SUJET	*riste, mantiho.*
VERBE	*soun esta.*
ATTRIBUT	*(oujet)* sous-entendu.

ACCORD

> de l'adjectif avec le nom.
> *l'Espagno, l'Irlando, lou riste castihan, la mantiho andalouso, usage universau.*
>
> du verbe avec le sujet.
> *riste, mantiho soun esta.*

COMPLÉMENT	de lieu	*dins l'Espagno, dins l'Irlando.*
	de temps	*tous-tèms.*
	déterminatif	*d'un usage universau.*

Analyse abrégée de la proposition.

462. 1° Le sujet, le verbe et l'attribut sont surmontés des lettres **s, v** ou **a.** 2° On tire un trait au dessous des mots qui s'accordent entre eux. 3° On fait le même trait au-dessus des mots complétés et de ceux qui les complètent. 4° On pointe les prépositions.

    s.   v.   a.

La Sorgo ei debanado en riban d'argent sus li prado en flour.

La Sorgue est déroulée en ruban d'argent sur les prairies en fleur.

REMARQUES. I. Les mots sous-entendus, ou elliptiques doivent être écrits sur la ligne et mis entre parenthèses. II. Les mots répétés sont aussi désignés.

ANALYSE DE LA PHRASE.

463. Pour analyser la phrase, il faut déterminer la nature des propositions qui la composent et désigner les liens ou mots invariables qui les unissent entre elles.

REMARQUES. I. Une proposition isolée est dite verbale.

II. Parmi les propositions les unes sont unies par le sens, et les autres, beaucoup plus nombreuses, sont jointes par les pronoms conjonctifs, les conjonctions et quelquefois les adverbes.

III. 1° Le nom, le pronom annoncent des verbales au commencement des propositions.

2° Les pronoms conjonctifs *qui* que, *que* qui annoncent les propositions adjectives.

3° La conjonction *que* annonce la proposition substantive.

4° Les adverbes, les conjonctions ainsi que les locutions, annoncent des propositions adverbiales.

IV. On marque d'un point les mots invariables servant de liens entre les propositions.

Tableau de l'analyse de la phrase.

PHRASE DE COORDINATION.
{ La phrase est causale, illative, additionnelle, alternative ou adversative.
Les propositions sont unies par le sens ou par les conjonctions de coordination.

PHRASE de SUBORDINATION.

Proposition verbale.

Pr. substantive. { Subjective. Complétive. { Reliée à la verbale par la conjonction *que*. Reliée à la verbale par le pronom conjonctif.

Pr. adjective.

Pr. adverbiale. { Cause, lieu, temps, etc. { Reliée à la verbale par l'adverbe, la conjonction ou les locutions.

Analyse d'une phrase à propositions coordonnées.

Phrase causale.

proposition verbale.   proposition verbale.

Lis | ome devon s'ama, | car Diéu ié lou coumando.

Les hommes doivent s'aimer, car Dieu le leur commande.

Analyse d'une phrase à propositions subordonnées.

prop. verbale.   prop. substantive.

Se dis | que voulés plus, l'estiéu, sout li piboulo,

prop. adverbiale.

Dansa, | coume fasias, | au son dóu tambourin (*) ; |

prop. verbale.   prop. subst.

Se dis | que voulés plus faire la farandoulo, |

prop. subst.

Que voulés èstre ciéutadin !

prop. verb.   prop. subst.

On dit | que vous ne voulez plus, l'été, sous les peupliers,

(*) REMARQUE. *Au son dóu tambourin* appartient à la proposition substantive qui précède.

prop. adver.

danser, | comme vous faisiez, au son du tambourin ; |

prop. verb.   prop. subst.

on dit | que vous ne voulez plus faire la farandole, |

p. subst.

que vous voulez être citadins !

Emìli RANQUET.

Autre exemple.

1 2
(Vous|que sias)   (chivalié)

3   1
Bèu | e (que sias) *fièr chivalié, venès nous empura,* |

4
Troubadour melicous, venès nous ispira ; |

(l'on avié besoun, etc.)

5   6   7   5
Que, | *coume i tèms pagan,* | *li pople,* | *m'es vejaire* |

7
D'aquesto ouro an besoun de nouvèu batejaire |

(li poplé d'aqueste ouro an besoun, etc.)

8   9
E | *que nautre fuguen li prèire vertudous* |

10
Qu'aduson à l'oustau lis enfant oublidous.

1 2
Vous| qui êtes)   (chevaliers)

3   1
Beaux | et (qui êtes) fiers chevaliers, | venez nous enflammer, |

4   5   6
doux troubadours, venez nous inspirer ; | car, | comme aux temps

(on avait besoin, etc.)

7   5   7
du paganisme | les peuples, | me semble-t-il, | à cette heure ont

(les peuples à cette heure ont besoin, etc.)

8   9
besoin d'un nouveau baptême, | et | que nous soyons les prêtres

10
vertueux | qui ramènent au foyer paternel les enfants oublieux.

Anfos TAVAN.

Phrase à propositions verbales additionnelles et causales : —
1. Proposition verbale. — 2. Proposition adjective.— 3. Proposition adjective. — 4. Proposition verbale. — 5. Proposition verbale. — 6. Proposition adverbiale. — 7. Proposition substantive. — 8. Proposition substantive. — 9. Proposition substantive. — 10. Proposition adjective.

Application de l'analyse de la phrase au grec, au latin, à l'italien, à l'espagnol, à l'allemand et à l'anglais.

$\overset{1}{\text{Δ}}$αιμόνι, οὔ σε ἔοικε, | κακὸν ὥς, | δειδίσσεσθαι· |

Ἀλλ' αὐτός τε κάθησο | καὶ ἄλλους ἴδρυε λαούς· |

Οὐ γάρ πω σάφα οἶσθ, | οἷος νόος Ἀτρείδαο· |

Νῦν μὲν πειρᾶται, | τάχα δ'ἴψεται υἷας Ἀχαιῶν.

Ἐν βουλῇ | δ'οὐ πάντες ἀκούσαιεν, | οἷον ἔειπε· |

(.....) Μήτι | χολωσάμενος | ῥέξῃ κακὸν υἷας Ἀχαιῶν.

Homme généreux, il ne te convient pas, | comme à un lâche | de trembler ; | mais calme-toi | et apaise les armées, | car tu ne connais pas ce | que pense Agamemnon ; | maintenant il éprouve les Grecs, | mais bientôt il les châtiera. | Nous tous n'avons pas entendu ce | qu'il a dit dans le conseil ; | (prenons bien garde) | qu' | étant irrité | il n'agisse méchamment contre les Grecs.

HOMÈRE.

1. P. verbale. — 2. P. adverbiale. — 3 P. verbale. — 4. P. verbale. — 5. P. verbale. — 6. P. adjective. — 7. P. verbale. — 8. P. verbale. — 9. P. verbale. — 10. P. adjective. — 11. P. verbale. — 12. P. substantive. — 13. P. adjective.

At pater OEneas, | nondùm certamine misso, |

Custodem | ad sese | comitemque Iüli impubis |

Epytiden vocat, | et fidam sic fatur ad aurem : |

Vade | age, | et Ascanio, | si jam puerile paratum

10
Agmen habet secum, | cursusque instruxit equorum, |
11   12
Ducat avo turmas, | et sese ostendat in armis, |
8   13   14   15   14   15
Dic, | ait. | Ipse omnem | longo | decedere | circo
14   16   14   16
Infusum | populum, | et campos | jubet | esse patentes. |
17   18
Incedunt pueri, | pariterque ante ora parentum |
19   18   20   21   20
Frenatis | lucent in equis ; | quos | omnis | euntes |
21   23   21   22   21
Trinacriæ | mirata | fremit | Trojæque | juventus.

1   2   1

Le pieux Enée, | le combat n'étant pas encore achevé, | appelle

3   4   5

à lui Epytide, | gouverneur | et compagnon du jeune Iule, | et

6   7   8

parle ainsi à son oreille fidèle : | « Va, | agis, | et dis à Ascagne,

9   10

| si sa jeune troupe est prête | et s'il a tout disposé pour son

11   12

carrousel, | qu'il amène ses brigades | et qu'il se montre sous les

11   13   14

armes | en l'honneur de son aïeul. | » Il dit. | Lui-même ordonne

15   14   16

au peuple | répandu dans le cirque | de se ranger | et de laisser

17   18

le champ libre. | Les enfants entrent | et en même temps, sous

les yeux de leurs parents, ils se montrent sur leurs coursiers |

19   20   21

tenus en bride. | Cet escadron venant, | toute la jeunesse de

22   23   21

Sicile | et de Troie émerveillée | fait entendre des applaudissements.

VIRGILE.

1. P. verbale. — 2. P. adverbiale. — 3. P. adjective. — 4. P. adjective. — 5. P. verbale. — 6. P. substantive. — 7. P. substantive. — 8. P. substantive. — 9. P. adverbiale. — 10. P. adverbiale. — 11. P. substantive. — 12. P. substantive. — 13. P. verbale, — 14. P. verbale. — 15. P. adjective. — 16. P. verbale. — 17. P. verbale. — 18. P. verbale. — 19. P. adjective. — 20. P. adverbiale — 21. P. verbale. — 22. P. verbale. — 23. P. adjective.

1
Quante volte diss'io

Allor pien di spavento : |
2
Costei per fermo nacque in Paradiso
3
Così carco d'obblio

Il divin portamento ,

E 'l volto, e le parole, e 'l dolce riso
4
M'aveano, | *e sì diviso*

Dall' immagine vera, |
5
Ch' i' dicea sospirando : |
6   7
Quì come venn' io, | *e quando?* |
8   9   10
Credendo esser in Ciel, | *non là* | *dov' era.* |
11
Da indi in quà mi piace
12
Quest' erba sì, | *ch' altrove non ho pace.* |

1   2
Combien de fois dis-je alors plein d'étonnement : | celle-ci
3
assurément est née dans le paradis ; | ainsi le port divin, et le
visage, et les paroles, et le doux sourire m'avaient chargé d'oubli,
4   5
| et tellement distrait de l'image réelle, | que je disais en soupi-
6   7   6
rant : | Comment | et quand] suis-je venu ici ? | croyant (moi qui
9   10   11
croyais) être dans le Ciel, | et non là | où [j'étais.] Depuis lors
12
cette verdure me plaît tant, | que je n'ai de paix nulle autre part.

PÉTRARQUE.

1. P. verbale. — 2. P. substantive. — 3. P. verbale. — 4. P.
verbale. — 5. P. adverbiale. — 6. P. substantive. — 7. P. subs-

tantive. — 8. P. adjective. — 9. P. adjective. — 10. P. adverbiale. — 11. P. verbale. — 12. P. adverbiale.

Remarque. Le numéro 3 renferme autant de propositions verbales qu'il y a de fois la conjonction *et*.

———

La inteligencia humana tiene su historia, | *como la tienen los sucesos exteriores;* | *historia tanto mas preciosa,* | *cuanto nos retrata lo mas íntimo del hombre,* | *y lo* | *que ejerce sobre él poderosa influencia.* | *Hállanse á cada paso descripciones de escuelas,* | *y del carácter* | *y tendencia del pensamiento en esta* | *ó aquella época,* | *es decir* | *que son muchos los historiadores del entendimiento;* | *pero* | *si se desea saber algo* | *mas* | *que cuatro generalidades,* | *siempre inexactas,* | *y á menudo* | *totalmente falsas,* | *es preciso aplicar la regla establecida:* | *leer los autores de la época* | *que se desea conocer.*

L'intelligence humaine a son histoire, | comme l'ont les événements extérieurs ; | histoire d'autant plus précieuse | qu'elle nous retrace le plus intime de l'homme, | et ce | qui exerce sur lui la plus puissante influence. | Elle montre à chaque pas les descriptions des doctrines, | et des caractères, | et des tendances de la pensée à telle | ou telle époque; | on dit | que les historiens de l'entendement sont très nombreux ; | cependant | si l'on désire savoir quelque chose | (qui soit) de plus | que (ne sont) des généralités, | (qui paraissent) toujours inexactes, | et (que ne sont)

des détails | (qui paraissent) totalement faux, | il est nécessaire
d'appliquer la règle établie : | (qui est) lire les auteurs de
l'époque | que l'on désire connaître.

Don Jaime Balmès.

1. P. verbale. — 2. P. adverbiale. 3. P. adjective.— 4.P.adverbiale. — 5. P. adverbiale. — 6.P. adjective. — 7. P. verbale. — 8.P.verbale.—9.P.verbale.—10.P.adjective.—11.P.verbale.—12.P.substantive.— 13.P.verbale. —14.P.adverbiale.—15.P.adjective.—16. P. adverbiale.—17. P. adjective.— 18. P. adverbiale.—19. P. adjective. — 20. P. adjective. — 21. P. adjective.

Remarque. Les sous-entendus ont été mis entre parenthèses dans les propositions 15, 16, 17, 18, 19, 20 où il était plus difficile de les rétablir; c'est un point très important dans l'analyse des phrases elliptiques, et il faut, pour en pénétrer compléter le sens, indiquer ce qui n'a pas été exprimé.

Tilly selbst dankte seine Rettung nur dem Ungefähr. | Obgleich von vielen
Wunden ermattet, | wollte er sich einem schwedischen Rittmeister, | der ihn einholte,
| nicht gefangen geben, | und schon war dieser im Begriff ihn zu tödten, | als ein
Pistolenschuß ihn noch zu rechter Zeit zu Boden streckte. | Aber schrecklicher | als
Todesgefahr | und Wunden | war ihm der Schmerz, seinen Ruhm zu überleben | und
an einem einzigen Tage die Arbeit eines ganzen langen Lebens zu verlieren. | Nichts
waren jetzt alle seine vergangenen Siege, | da ihm der einzige entging, | der jenen
allen erst die Krone aufsetzen sollte. | Nichts blieb ihm übrig von seinen glänzenden
Kriegsthaten, als die Flüche der Menschheit | von denen sie begleitet waren. — |
Drei Fehler sind es vorzüglich, | denen das Unglück dieses Tages beigemessen wird:
| daß er sein Geschütz hinter die Armee auf die Hügel pflanzte, | daß er sich nachher
von diesen Hügeln entfernte | und daß er den Feind ungehindert sich in Schlachtord-
nung stellen ließ.

Tilly lui-même ne dut son salut qu'au hasard. | Quoiqu'il fût
affaibli par plusieurs blessures, | il ne voulut pas se rendre à un
capitaine suédois | qui l'atteignit, | et déjà celui-ci était sur le
point de le tuer, | lorsqu'un coup de pistolet l'étendit encore à
temps sur le sol. | Mais plus effrayante | que le danger de mort |
| et les blessures, | était pour lui la douleur de survivre
à sa gloire | et (*) de perdre en un seul jour le travail de toute une
longue vie. | Ses victoires passées n'étaient plus rien à présent, |
puisque la seule, | qui devait couronner toutes les autres | lui
échappait. | Il ne lui restait rien de ses brillants exploits militai-
res que les malédictions des hommes | dont ils étaient accom-
pagnés. —

Il y a trois fautes particulièrement | auxquelles on attri-
bue le malheur de cette journée (**) : | qu'il dressa son artillerie
derrière l'armée sur les collines, | qu'il s'éloigna ensuite de ces
collines | et qu'il laissa l'ennemi se disposer librement en ordre
de bataille.

SCHILLER.

(*) Il y a ici sous-entendu: plus effrayante que le danger de mort était pour lui la douleur.
(**) Bataille de Leipzig.

1. P. verbale. — 2. P. adverbiale. — 3. P. verbale. — 4. P. adjective. — 5. P. verbale. — 6 P. adverbiale. — 7. P. verbale. —
8. P. adverbiale. — 9. P. adverbiale. — 10. P. verbale. — 11. P. verbale. — 12. P. verbale. — 13. P. adjective. — 14. P. verbale. —
15. P. adjective. — 16. P. verbale. — 17. P. adjective. — 18. P. substantive. — 19. P. substantive. — 20. P. substantive.

*Then, turning towards Philip, | who fell on his knees, | and
kissed his father's hand, | : If, | says he (the emperor Charles V),
| I had left you, by my death, this rich inheritance, | to which
I have made such large additions, | some regard would have been
justly due to my memory on that account.*

Alors, se tournant vers Philippe, | qui tomba à genoux, | et bai-
sa la main de son père, | : Si, | dit-il (l'empereur Charles-Quint),
| je vous ai laissé, par ma mort, ce riche héritage, | auquel j'ai
fait de si vastes annexions, | quelque égard aurait été pour cela
justement dû à ma mémoire.

Robertson.

1. P. adverbiale. — 2. P. adjective. — 3. P. adjective. — 4. P. adverbiale. — 5. P. verbale. — 6. P. adjective. — 7. P. substantive.

Remarques. I. La traduction des différents textes d'analyse n'est
que grammaticale, c'est-à-dire qu'elle a conservé les propositions
des phrases sans égard aux formes littéraires.

II. On s'est borné à présenter la décomposition de la phrase en
propositions ; le reste de l'analyse pour les mots, la proposition et
la phrase y serait facilement appliqué.

III. Quand on connaît les trois degrés d'analyse, il est préféra-
ble de suivre cet ordre : Analyse de la phrase, de la proposition
et du mot.

PONCTUATION

464. La ponctuation consiste à indiquer par des signes
les phrases ou les parties de phrase qui composent le discours écrit.

465. Ces signes correspondent aux pauses et aux inflexions de la langue parlée.

466. On distingue deux principaux signes de ponctuation : la virgule (,) et le point (.) ; réunis, ils forment le
point virgule (;).

Deux points, l'un au-dessus de l'autre, forment les deux points (:).

Trois ou cinq points consécutifs s'appellent points de suspension ou points elliptiques (...) (.....).

Il y a aussi le point interrogatif (?) et le point exclamatif (!).

Quelques autres signes sont plus rarement employés; les voici : le tiret (—), les guillemets (« »), la parenthèse [()] et les crochets ([]).

VIRGULE.

467. La virgule sert à séparer les sujets, les attributs et les compléments qui se rapportent au même verbe.

Sujets. *Sant Matièu, sant Marc, sant Lu e sant Jan soun li quatre evangelisto.* Saint Mathieu, saint Marc, saint Luc et saint Jean sont les quatre évangélistes.

Attributs. *La luno èi brihanto, blanco, redouno.* La lune est brillante, blanche, ronde.

Compléments. *Lou mistrau cepo li jitello, li branco, li trounc.* Le mistral coupe les tiges, les branches, les troncs.

468. **Verbes.** On emploie aussi la virgule entre les verbes qui se rapportent au même sujet:

Sufrèn ataco lis Anglés, lis aclapo e s'inmourtaliso dins soun triounfle. Suffren attaque les Anglais, les écrase et s'immortalise dans son triomphe.

Remarque. Lorque deux de ces parties semblables sont unies par les conjonctions *e, o, ni,* on ne met pas de virgule :

Volon la vitòri o la mort. Ils veulent la victoire ou la mort.

Cependant la virgule est employée si l'on veut donner plus de force à l'expression, en répétant la conjonction, ou si l'une des parties semblables qui la précèdent est accompagnée d'un déterminatif:

E lou riche, e lou paure an lausa lou souveni d'aquel ome de bèn. Et le riche, et le pauvre ont loué le souvenir de cet homme de bien.

Entre l'aucéu que plano et l'agnèu que tremolo, autre agnèu, un enfant vivié simple, ignourènt. Entre l'oiseau qui plane et l'agneau qui frissonne, autre agneau, un enfant vivait simple, ignorant.

Aguste VERDOT.

469. **Propositions substantives.** On ne met pas généralement de virgule pour séparer les propositions substantives.

Cresèn que la justiço se coumplira. Nous croyons que la justice s'accomplira.

470. **Propositions adjectives (explicatives et déterminatives)** La virgule est employée pour séparer des propositions explicatives, c'est-à-dire qui pourraient être supprimées sans nuire à la clarté de l'expression:

L'enfant, que nous ris, èi la benèdicioun d'uno famiho. L'enfant, qui nous sourit, est la bénédiction d'une famille.

Si la proposition adjective avait un sens déterminatif, c'est-à-dire nécessaire, il faudrait ne faire l'application de la virgule qu'après ce membre de phrase.

L'enfant qu'avèn castiga justamen, n'en sara recouneissènt. L'enfant que nous avons châtié justement, nous en sera reconnaissant.

471. **Propositions verbales.** On applique une virgule entre les propositions verbales dans les phrases additionnelles :

La cigalo canto, lou merle siblo, lou chin japo, lou chivau endiho. La cigale chante, le merle siffle, le chien aboie, le cheval hennit.

472. **Proposition participe.** La proposition participe demande la même ponctuation que les propositions adjectives (explicatives ou déterminatives) et les propositions adverbiales dont elle prend la fonction :

> *De l'amourié fèr que s'embaragnavo,*
> *Culissènt li gran, fasié'n capelet.*

Du mûrier sauvage, en haie, cueillant les grains, elle faisait un chapelet.

Louis ASTRUC.

473. Propositions adverbiales. La virgule distingue les compléments circonstanciels qui ont une certaine étendue.

De-matin, quand l'aubo daurejavo sus la colo e dins li plano. avian, dóu mas, uno visto agradivo. Ce matin, quand l'aube dorait les collines et la plaine, nous avions, du *mas*, une vue agréable.

474. Inversion. L'inversion n'exige pas ordinairement l'emploi de la virgule.

Queto bono nouvello avès agudo ! Quelle bonne nouvelle vous avez eue !

Cependant la virgule est nécessaire pour séparer une proposition adverbiale qui, contrairement à l'ordre de la construction directe, précède une proposition verbale :

Se voste enemi èi dins lou malur, pourgès-ié la man. Si votre ennemi est dans le malheur, tendez-lui la main.

475. Inversion et énumération. Après une inversion et une énumération, on fait l'application de la virgule, si les deux derniers termes de l'énumération ne sont pas joints par la conjonction ; dans l'autre cas on supprime la virgule :

Que de soucit, de tracas e de peno an li maire pèr sis enfant ! Que de soucis, de tracas et de peines ont les mères pour leurs enfants !

Veguerian sus la mountado, boufant, susant, dous biòu que tiravon la carreto. Nous vîmes sur la montée, soufflant, suant, deux bœufs qui tiraient la charrette.

476. Pléonasme. Les mots employés par pléonasme sont mis entre deux virgules ou entre la virgule et un autre signe de ponctuation :

O, o, saras emé nautre. Oui, oui, tu seras avec nous.

De tant qu'èi messourguié, pode plus lou crèire, iéu. Tant il est menteur, que je ne puis plus le croire, moi.

477. Ellipse. On fait usage de la virgule devant l'attribut ou le complément d'un verbe ellipsé :

Douge mestié, trege misèri. Douze métiers, treize misères.

478. Apostrophe. La virgule sépare les mots mis en apostrophe.

Te salude, brihanto estello,
Astre di mar, maire de Diéu.

Je te salue brillante étoile, — astre des mers, mère de Dieu.

Pau Terris.

POINT-VIRGULE.

479. On emploie le point-virgule entre deux propositions
verbales dans lesquelles il y a une ou plusieurs virgules.

Que s'aclape ges d'or em' un cadabre ; mai se li dènt
dóu mort soun estacado emé d'or, que fugue permés
de l'aclapa e de lou brula emé lou cadabre. Qu'on
n'enfouisse point d'or avec un cadavre ; mais si les dents
du mort sont attachées avec de l'or, qu'il soit permis de
l'enfouir et de le brûler avec le cadavre *(Lèi di douge taulo.)*

480. Lorsque deux propositions verbales ont une certaine
longueur, on les sépare par le point-virgule, sans qu'elles
soient déjà subdivisées.

Nous an di qu'èis uno bello causo d'estudia la naturo ;
qu'èis utile de counèisse la terro e tout çò que tèn. On
nous a dit que c'est une belle chose d'étudier la nature ;
qu'il est utile de connaître la terre et tout ce qu'elle contient.

481. Le point-virgule est encore employé entre deux
propositions verbales dont la seconde étend le sens de la
première :

Ei bon de courre ; mai fau pas brounca. Il est bon
de courir ; mais il ne faut pas se heurter.

Tóuti fugissien ; tóuti avien pòu d'un terro-tremo.
Tous fuyaient ; tous avaient peur d'un tremblement de
terre.

482. Le point-virgule sert encore à distinguer deux propositions verbales qui commencent par les mêmes sujets :

Li plago dóu cors se fermon ; li plago dóu cor rès-
ton souvènt duberto. Les plaies du corps se ferment ; les
plaies du cœur restent souvent ouvertes.

Remarque. La présence de l'une des conjonctions *e, o, ni, mai,* etc., ne change pas les règles sur l'emploi du point-virgule.

POINT.

483. Le point sert à marquer la fin d'une phrase.

On le met après toute proposition verbale n'ayant aucun rapport de domination ou de coordination avec une proposition suivante :

> *Oh ! que soun bello, lis espigo*
> *Que vèn d'amadura l'estiéu !*

Oh ! qu'ils sont beaux, les épis — que l'été vient de mûrir !

Frai J. Theobald.

> *Gènt* Cacho-fiò, *dé toun nisau*
> *Sortes venta pèr lou rousau.*
> *Aro desplegues tis aleto.*

Gentil *Cacho-fiò*, de ta coquille — tu sors caressé par la brise du Rhône. Maintenant tu déploies tes ailes.

Leoun Blachère.

DEUX-POINTS.

484. On emploie le deux-points devant une proposition verbale précédée d'une autre verbale dont le sens ne satisfait pas entièrement.

> *Soun peraqui d'age à pau près :*
> *L'un es na 'n milo vue cènt dès*
> *E l'autre en milo vue cènt vounge.*

Ils sont par là d'âge à peu près : — l'un est né en mil huit cent dix — et l'autre en mil huit cent onze.

Andriéu Autheman.

Remarque. Avec la conjonction de coordination, on ne mettrait pas le deux-points :

Soun de memo taio, mai n'an pas la memo forço.
Ils sont de même taille, mais ils n'ont pas la même force.

485. On applique le deux-points avant une énumération :
Lou discours èi l'espressioun de tres causo : l'idèio, la pensado e lou sentimen. Le discours est l'expression de trois choses : l'idée, la pensée et le sentiment.

486. On l'applique aussi après une énumération suivie de *veici* ou *vaqui*.

Un cabanoun, un jardinet : vaqui tout ço que nous fau. Une petite cabane, un petit jardin : voilà tout ce qu'il nous faut.

487. Après une fausse interrogation il faut employer le deux-points :

Voulès que vous fagon de bén : fasès-n'en is autre. Voulez-vous qu'on vous fasse du bien : faites-en aux autres.

488. Une citation est toujours précédée du deux-points :

I'a 'n prouvèrbi que dis :

> *Chasque aucèu*
> *Trovo soun nis bèu.*

Il y a un proverbe qui dit :

Chaque oiseau — trouve son nid beau.

REMARQUE. En général un discours, une phrase, une proposition, un mot, une lettre, un chiffre, etc. sont précédés du deux-points, quand ils sont annoncés par l'une des expressions suivantes : *aqueste, aquelo ; vaqui, veici ; acò, eiçò ; que vaqui, que veici, ansin.*

Te recoumande rèn qu'àco: Amo Dièu, moun enfant, e l'ome qu'es toun fraire. Je ne te recommande que cela : Aime Dieu, mon enfant, et l'homme qui est ton frère.

TROIS-POINTS.

489. Le trois-points annonce que l'expression d'une pensée est arrêtée en donnant plus de force et de finesse à ce qu'on ne dit pas.

Ero autri-fes un moudèle de vertu ; mai aro... me n'en parles pas! Il était autrefois un modèle de vertu ; mais à présent... ne m'en parle pas !

POINTS ELLIPTIQUES.

490. Les points elliptiques indiquent le retranchement d'une partie de la phrase. Ce signe est figuré par cinq points et quelquefois par un plus grand nombre.

Oh ! noun, as mau entendu, o bèn..... mentisses.

Oh ! non, tu as mal entendu, ou bien..... tu mens.

Pau GAUSSEN.

On peut sous-entendre *dirai que* je dirai que, qu'on a remplacé par les points de suspension.

POINT INTERROGATIF.

491. Le point interrogatif est le signe que l'on met à la fin d'une proposition par laquelle on interroge :

Aro de-que te soubro ? Uno pajo d'istòri !
N'as plus rèn pèr marca la grandour dis uman.

Maintenant que te reste-t-il ? Une page d'histoire ! — Tu n'as plus rien pour marquer la grandeur des humains.

Benezet BRUNEAU.

POINT EXCLAMATIF.

492. On applique le point exclamatif à la fin de toute proposition qui exprime un vif sentiment :

I campas tout verdejo :
Veici lou mes de Mai !

Au champ tout reverdit : — voici le mois de Mai !

Enri BOUVET.

TIRET.

493. Le tiret est employé dans les dialogues pour annoncer le changement d'interlocuteurs.

La mort vèn : — Que me vos. — Rèn, o ma bello damo !

La mort vient : — Que me veux-tu. — Rien, ô ma belle dame !

Lou CASCARELET.

REMARQUE. On place entre deux tirets les membres de phrase que le sens et la prononciation détachent du corps principal :

Un jour, — soulènne jour qu'a retengu l'istòri, —
Folo d'entousiasme e declamant si vers,
Roumo pourtè Petrarco au temple de memòri
E lou courouné d'or au noum de l'univers.

Un jour, — jour solennel qu'a retenu l'histoire, — — folle

d'enthousiasme et déclamant ses vers, Rome porta Pétrarque au temple de mémoire — et le couronna d'or au nom de l'univers.

Malaquìo FRIZET.

GUILLEMETS.

494. On fait précéder d'un guillemet ouvrant et suivre d'un guillemet fermant les citations indirectes qui ne sont pas imprimées avec des caractères différents ou soulignées dans les manuscrits :

Nous declarè qu' « *èro prèste à faire tóuti li sacrifice pèr sis enfant.* » Il nous déclara qu' « il était prêt à faire tous les sacrifices pour ses enfants. »

REMARQUE. Il faut éviter dans une citation guillemetée d'introduire tout mot qui lui serait étranger.

PARENTHÈSES.

495. Les parenthèses servent à distinguer toute proposition verbale qui est indépendante de la phrase où on l'ajoute :

Anóuncio (acò pourrié se faire) que dins quàuquis an li vigno saran plus malauto. Il annonce (cela pourrait se faire) que dans quelques années les vignes ne seront plus malades.

ALINEA.

496. L'alinéa est un blanc laissé à gauche d'une ligne.

Il est appliqué à toute phrase qui commence un écrit ou qui change un ordre d'idées.

Vàutri, Messiés de vilo, que n'avès jamai vist la luno qu'entre dos téulisso ;

Saberu qu'avès coumta si mountagno — que cremavon ancian tèms, si mar que se soun secado :

Sias-ti bèn segur, en aquesto ouro, de sàupre la verita sus aquel astre souloumbrous que fai gau i machoto em' i béulòli ?

Vous, Messieurs de la ville, qui n'avez jamais vu la lune qu'entre deux toits ;

Savants qui avez compté ses montagnes — qui brûlaient anciennement, ses mers qui se sont desséchées :

Etes-vous bien sûrs, à cette heure, de savoir la vérité sur cet astre de la nuit qui réjouit les chouettes et les effraies ?

Jan BRUNET.

CROCHETS.

497. Les crochets ne diffèrent des parenthèses que par la forme. Ces deux signes peuvent être substitués l'un à l'autre :

> *Dins sa conco do tepo, coulo*
> *E danso en galoi repousquet.*

Dans sa conque de mousse, elle coule — et danse en joyeux rejaillissements.

[C. Bagnol *(La Sourso)*.]

ACCOLADE.

498. Ce signe marque le rapport de plusieurs objets à un autre qui est placé devant eux :

Filousoufìo { *Sicoulougìo.*
Teoudicèio.
Lougico.
Mouralo.

MAJUSCULES.

499. Les majuscules sont des lettres plus grandes que les autres et de caractère différent.

On écrit principalement avec une majuscule la première lettre :

1º De toute phrase.
2º De tout alinéa.
3º De toute citation directe.
4º De tout vers.
5º De tout nom propre.

> *Que longo-mai,*
> *Moun beu felibre,*
> *Atroves sempre dins toun nis*
> *Lou paradis !*

Que longtemps, mon beau félibre, tu trouves toujours dans ton nid, le paradis !

L'abat Malignon.

500. Outre les signes employés en mathématiques, il y a encore l'astérique (*), (**), (***), etc., les lettres *a*, *b*, *c*, etc., et les chiffres *1*, *2*, *3*, etc. qui servent à indiquer des notes en renvoi.

TABLE MÉTHODIQUE

PRÉCIS HISTORIQUE
DE
LA LANGUE D'OC

PREMIÈRE PARTIE

DES MOTS

DEUXIÈME PARTIE

DE LA PROPOSITION

TROISIÈME PARTIE
DE LA PHRASE

Avignon. — Imprimerie Aubanel frères. — 1882.

RECUEIL

DE

VERSIONS PROVENÇALES

POUR

L'ENSEIGNEMENT DU FRANÇAIS

« Loin de nuire à l'étude du français, le provençal en est le plus utile auxiliaire, » avait dit Michel Bréal, membre de l'Institut; ces paroles d'un savant philologue montrent assez quelle est l'utilité du Recueil des versions provençales-françaises.

Frappé du peu de progrès obtenus dans l'enseignement primaire, au moyen des anciennes méthodes employées jusqu'à ce jour, un professeur distingué voulut appliquer à l'étude du français le système des versions mis en usage dans les écoles secondaires. Il ne pouvait songer au latin ou au grec, hélas! le peu de temps que les élèves passent à l'école primaire lui en interdisait l'usage, et les maîtres eux-mêmes ignoraient pour la plupart ces langues. Mais à côté de lui se trouvait une langue populaire, imagée, harmonieuse et riche qui, dans une glorieuse renaissance, venait d'enfanter des chefs-d'œuvre. Il la prit, pensant que les élèves trouveraient en elle un avantage immense, celui d'aller du connu à l'inconnu; en effet tous connaissent cette langue, qui, plus ou moins pure, est parlée dans le midi de la France, des Alpes aux Pyrénées, des bords du Var aux rives de l'Atlantique.

Il se mit immédiatement à l'œuvre. Le champ était fertile, il n'avait qu'à se baisser pour former une riche gerbe. Aubanel, Crouzillat, Jasmin; Mathieu, Mistral, Roumanille, Roumieux, Sabòli et tant d'autres illustres avaient répandu leurs trésors; il n'y avait qu'à choisir; chaque genre était largement représenté, de l'épopée au simple récit, de l'ode au naïf et rustique noël.

Les frères Aubanel, si connus par leur amour de la langue provençale dont l'un d'eux est un des plus illustres restaurateurs, éditèrent le livre, et bientôt une des écoles communales d'Avignon suivit la méthode des versions provençales. Certes les détracteurs ne manquèrent pas. Mais l'auteur de la méthode ne se découragea point, il était sûr que son système était bon, aucun obstacle ne l'arrêta. Grâce à son intervention, des concours de traduction s'établirent et les résultats obtenus furent tels que chacun était surpris en voyant les progrès faits par ces jeunes élèves dout le style n'avait rien d'enfantin, mais se faisait au contraire remarquer par cette énergie, cette richesse, cette précision que donne l'étude approfondie d'une langue.

Plusieurs médailles furent décernées, et, pour ne citer qu'un exemple au milieu de tant d'autres, l'on se souvient qu'en 1878 les juges des jeux floraux d'Apt décernèrent à un des élèves de l'école communale d'Avignon une médaille de vermeil pour sa traduction française d'un morceau provençal. Quatre ans après nous retrouvons le même jeune homme et le voyons arriver le premier dans un concours ouvert entre 500 candidats (c'est-à-dire ceux de tous les départements de France) pour l'obtention des places de conducteurs dans les Ponts et Chaussées. C'est dire que son style devait ne pas être mauvais et qu'il devait connaître aussi les règles grammaticales.

L'utilité des versions n'est pas à démontrer. Dans ces derniers temps, on a voulu écarter de l'enseignement secondaire, telle ou telle partie du programme de nos pères, mais aucun novateur n'a osé toucher à la version, et la langue d'Homère et de Virgile est toujours traduite par nos jeunes lycéens, comme par nos séminaristes. Pourquoi? parce qu'il est reconnu que la version est un stimulant puissant pour l'intelligence, puisqu'elle force le traducteur à s'emparer de la pensée d'autrui et à la rendre sienne en la faisant passer dans une autre langue, parce qu'elle forme le style en lui donnant tour à tour l'élégance, la richesse, l'harmonie, la précision et surtout la clarté.

La version provençale est donc d'une utilité incontestable. La langue de Mistral est pour les élèves des écoles primaires du midi de la France ce qu'est la langue d'Homère ou de Virgile pour les étudiants de l'Université, avec cet avantage pour les premiers, qu'ils peuvent arriver plus rapidement à de bons résultats puisqu'ils connaissent déjà cette langue.

A moins de parti pris, aucun professeur sérieux ne refusera de faire l'essai de cette méthode, et, le faisant, il sera bientôt étonné des résultats qu'elle produit.

Avignon. — Imp. Aubanel fr.

[illegible] deal
et [illegible]
las pro-
[illegible] de la
[illegible], comm
[illegible] le des
[illegible]rpris en
[illegible]n d'en-
[illegible]gé, cette
2.
[illegible]emple sa
[illegible] l'assau
[illegible]un se
[illegible]orcapel
[illegible]arriver
[illegible]aux de
[illegible]index,
[illegible] très
[illegible]mps, q
[illegible]la pré-
[illegible]
[illegible] jeune
[illegible]sse qui
[illegible]nce le
[illegible] en la
[illegible] la
[illegible]
2.
[illegible]gne de
[illegible]nce et
[illegible]sité
[illegible]
[illegible] faire
[illegible]nlais